커뮤니티는 어떻게
브랜드의 무기가 되는가

커뮤니티는 어떻게 브랜드의 무기가 되는가

새로운 소비 권력을 찐팬으로 만드는 커뮤니티의 힘

이승윤 지음

INFLUENTIAL
인플루엔셜

사랑하는 가족, 이원과 정원 그리고
늘 묵묵히 지원해주시는 부모님께
이 책을 바칩니다.

추천의 글

커뮤니티야말로 비즈니스의 무기인 시대가 되었다. 고객이 팬이 되어 자
발적인 마케터로 거듭나고, 팬으로 이루어진 커뮤니티가 새로운 비즈니
스 기회를 제공하고 있다. 수년간 기업 커뮤니티 전문가로 활동해온 저
자는 이 책을 통해 마케팅의 패러다임 전환부터 커뮤니티 설계와 확장을
위한 법칙까지 커뮤니티 비즈니스의 모든 것을 풀어냈다. 마케터부터 기
업 임원까지, 모든 비즈니스 종사자에게 일독을 권한다.

홍성태
모비브 아카데미 대표교수, 한양대 경영대학 명예교수

여러 기업의 CEO들을 만날 때마다 그들이 가진 한결같은 고민을 확인
하곤 한다. 물론 제품이나 서비스의 수익성, 재구매율 등 다양한 지표에
집중하며 치열한 하루를 보내고 있는 수많은 브랜드 중에, 차원을 뛰어
넘는 브랜드파워로 기업 가치를 높여나가는 강자들도 있다. 이런 시기에
저자의 실질적인 브랜딩 방법론이 깃든 이 책을 통해 성장을 고민하고
있는 많은 브랜드들이 '팬덤 이코노미'를 향유할 수 있을 듯하다. 브랜딩
을 고민하는 주변의 CEO들에게 개인적으로 선물할 예정이다.

조용민
구글 커스터머 솔루션 매니저, 《언바운드》 저자

브랜드를 기획하고 만들어가는 우리는 늘 우리 브랜드를 지지해줄 사람들을 찾고 모으는 방법을 고민한다. 그런 끝에 잘하고 있는 다른 브랜드를 보며 종종 힌트를 얻는다. 이 책을 읽으면서 이 많은 커뮤니티들을 어떻게 찾아냈을까 싶을 정도로 자세한 사례 조사에 놀랐다. 친근한 최신 사례들이라 더 가까이 와닿았고, 가까워서 그냥 무심히 지나칠 법한 지점을 콕 짚어주어 또 감탄했다. 브랜드와 사람의 관계를 고민하는 모든 분에게 풍부한 간접 경험과 깊은 통찰을 줄 것이라고 생각한다.

장인성

㈜우아한형제들 상무, 《마케터의 일》 저자

이제 한 프로덕트(Product)의 성공지표는 사용자 수(User count)보다는 되돌아오는 '찐팬'이 얼마나 있나(Retention)로 측정되어야 한다. 그리고 그렇게 모인 찐팬들을 중심으로 '커뮤니티'를 형성하는 것이 기업의 중요한 목표가 될 것이다. 기업들은 브랜드 경험을 높이고, 사용자에게 창작자의 역할을 부여하며, 더욱 뾰족한 개인화를 추구하면서 마치 친구들이 모여 있는 듯한 커뮤니티를 만들어야 할 것이다. 그리고 그런 가운데 프로덕트가 하나의 친구처럼 존재해야 하지 않을까? 이 책에 담긴 이승윤 교수의 날카로운 통찰을 통해 혁신 기업들의 커뮤니티 전략 방향, 그리고 미래 커뮤니티 트렌드를 살펴볼 수 있었다. 지금 현장에 몸 담고 있는 실무자들이 반드시 읽어야 할 책이 나온 것 같아 무척 반갑다.

김동현

오늘의집 데이터&디스커버리 리드

왜 아마존은 서점이 아닌
독서 커뮤니티에 투자했을까

    아마존은 2013년 1억 5000만 달러에 독서 플랫폼 굿리즈^{Goodreads}를 인수했다. 굿리즈는 2022년 6월 기준으로 전 세계 1억 4000만 명이 모인 세계 최대 독서 커뮤니티다. 아마존의 창업자 제프 베이조스^{Jeff Bezos}는 1994년 인터넷 상거래를 시작하기로 결심하고 모양이 균일하고 재고관리와 배송에 어려움이 없는 물품을 찾던 중 책이 전제조건에 딱 맞다고 판단해 책을 중심으로 온라인 유통을 시작한다. 책판매는 창업 10년째가 되던 2004년까지 아마존 매출의 큰 부분을 차지했다. 그런데 이렇듯 책에 대한 높은 애정과 전문성을 가진 아마존은 왜 책을 파는 경쟁사가 아니라 독서 플랫폼을 인수하는 데 어마어마한 돈을 지불했을까?

아마존은 지금으로부터 10년 전에 이미 미래의 경쟁력은 커뮤니티에서 나온다고 예측했을 것이다. 책을 잘 파는 것도 물론 중요하지만 독서 모임에서 데이터를 확보하고 이를 기반으로 가치를 만들어내는 것이 더 중요하다고 생각했는지도 모른다.

아마존의 이러한 투자는 미래의 경쟁력은 결국 커뮤니티적인 가치에서 비롯된다는 것을 보여준다. 실제 국내에서 아마존과 같은 온라인 기반 커머스 기업 중 미래가치가 높다고 평가받는 오늘의집은 인테리어 커뮤니티 플랫폼으로, 무신사는 패션 센스를 뽐내는 패션 커뮤니티 플랫폼으로 소비자들의 인식에 성공적으로 자리 잡았고, 이를 기반으로 비즈니스를 다양한 방식으로 확장해나가고 있다.

스타벅스가 디지털 전환에 성공할 수 있었던 이유

최근에 들어서는 플랫폼 기업뿐 아니라 전통적인 제조업 기반 기업도 커뮤니티에 관심을 가지고 각자의 목적에 맞게 다양한 시도를 하고 있다. 커피를 판매하는 스타벅스는 2008년 스타벅스 골수팬들이 모여 자사 제품에 대한 다양한 토론을 벌이는 온라인 커뮤니티 '마이 스타벅스 아이디어My Starbucks Idea'를 론칭했다. 2013년 스타벅스의 발표에 따르면, 이 커뮤니티를 통해 5년 동안 자그마치 15만 건 이상의 혁신 아이디어가 쏟아져 나왔다. 뜨거운 커피를 테이크아웃해 들고 나갈 경우, 컵 뚜껑의 구멍에서 커피가 쏟아져 옷을 버리거나 화상을 입을 위험이 있다. 이러한 위험을 막아주는 스플래쉬 스틱 splash stick 역시 이 커뮤니티에서 탄생했다. 북미 지역에서 비밀번호를 입력하지 않고 단 한 번의 클릭으로 매장에서 무료 와이파이를 사용하게 된 것도 이 커뮤니티에서 나온 아이디어라고 한다. 15만 개의 아이디어 중 277개가 채택되어 현장에서 제품이나 서비스 형태로 실현되었다.

훌륭한 아이디어를 팬들에게 얻었다는 사실도 중요하지만 그보다 더 주목해야 할 것은, 다양한 아이디어를 공유하고 서로 토론해 투표까지 하는 과정을 정교한 시스템으로 만들었다는 것이다. 덕분에 이 커뮤니티에서 활동하는 사람들은 그들의 스타벅스에 대한 애정도를 다시 한번 확인할 수 있었을 것이고, 타인과의 교류 속에 모종의 동지 의식도 느끼게 되었을 것이다.

전문가들은 매장에서 주문을 받던 스타벅스가 모바일로 사전 주문한 뒤 매장에서 픽업하는 '사이렌 오더 Siren Order' 같은 혁신적인 서비스를 론칭하며 디지털 전환에 성공할 수 있었던 것은 '마이 스타벅스 아이디어'의 힘이 크다고 말한다. 스타벅스 외에 나이키, 레고처럼 전통적인 제조업 방식에서 디지털 전환에 성공한 기업들의 공통점은 매우 이른 시기부터 소비자와 끊임없이 소통하며 직접적인 고객 경험을 전달하는 팬 기반의 디지털 커뮤니티를 운영해왔다는 점이다.

국내에서도 LG, 삼성을 선두로 수많은 기업이 커뮤니티를 기반으로 다양한 팬덤을 만들기 위한 시도를 하고 있다. LG유플러스는 영유아에게 프리미엄 교육 콘텐츠를 제공하는 'U+아이들나라'를 론칭하면서, 고객들로부터 이에 대한 양질의 피드백을 받기 위해 2020년 5월 '유플맘살롱'이라는 커뮤니티를 만들었다. 타깃 연령대의 아이를 키우는 엄마들이 편하게 모여 육아와 관련한 여러 가지 정보를 나누는 모임을 형성하는 것이 목표였다. LG유플러스에 따르면, 개설 이후 1년간 이 커뮤니티에서 높은 수준의 아이디어가 약 80여 개 도출되었고, 그중 20개 정도가 실제 서비스에 반영되었다고 한다. 고객의 아이디어가 서비스에 반영되면서부터 커뮤니티의 참여율이 급증하기 시작했다. 2022년 10월 기준으로 이 커뮤니티에는 3만 5000명 이상의 찐팬이 자발적으로 다양한 활동을 선보이고 있다. 전문가들은 2018년 850만 명에 불과했던 아이들나라 서비스 누적 이용자 수가 2022년 7월 기준으로 6100만 명을 넘어서게 된 주요 원동력이 바로 이 커뮤니티에 있다고 보고 있다.

지금 일잘러들이 모이는 핫한 커뮤니티들

'일잘러'는 일을 잘하는 사람을 뜻하는 신조어다. 평생직장이라는 개념이 사라지고, '직職'이 아닌 '업業'의 시대에 들어선 지금 자기계발에 매진하는 직장인이 늘고 있다. 과거의 자기계발이 외국어 실력이나 업무 역량 등을 키우기 위해 학원에 다니는 형태에 국한되었다면, 이제는 다양한 목적으로 형성된 커뮤니티를 찾아서 성장을 위한 지식을 익히고 관계망을 넓혀가는 모습이 일반적이다. 예를 들어 커리어 관리에 관심이 많은 여성의 경우 여성 커리어 플랫폼인 헤이조이스Hey Joyce를 활용할 수 있다. 온라인으로 각계각층 전문가의 강연 영상을 보거나, 오프라인에서 주기적으로 진행되는 컨퍼런스에 참여해 생산적인 인맥을 쌓을 수도 있다. 딱딱한 지식 습득이나 네트워킹이 부담스럽다면 독서 커뮤니티 플랫폼 트레바리TREVARI에 가입해 경제, 사회, 인문학 등 다양한 주제를 기반으로 만들어진 독서 클럽 세션에 참여해도 좋다.

내 관심 분야에서 이미 성공한 전문가의 조언을 손쉽게 들을 수 있고, 비슷한 성향의 친구들을 만날 수 있다는 점에서 이런 커뮤니티는 20~30대를 중심으로 급증하는 추세다. 이런 커뮤니티는 직접적인 대면 없이 온라인 플랫폼의 강연이나 모임을 통해 얼마든지 소통이 가능하다는 점에서 소위 '느슨한 연대'를 형성한다. 지나치게 많은 시간을 요구하지 않고, 노력적인 측면에서도 부담스럽지 않은 이런 느슨한 연대의 커뮤니티는 현재 새로운 소비 권력으로 떠오르고 있는 디지털 네이티브Digital Native의 정체성을 대변한다고 할 수 있다.

이런 느슨한 연대는 엄청난 가치를 만들어내는 비즈니스가 될 수도 있다. 2009년 요리를 좋아하는 《뉴욕타임스New York Times》의 푸

드 에디터 어맨다 헤서Amanda Hesser 와 출판편집자 메릴 스텁스Merrill
Stubbs 는 요리애호가들Foodies 을 위한 커뮤니티 '푸드52 Food52 '를 만들
었다. 개설 이후 꾸준히 성장해온 푸드52에는, 요리를 좋아하는 사람
들의 엄청난 레시피들이 쌓이기 시작했다. 두 창업자가 사용하는 다
양한 조리도구와 주방용품에 관심을 보이는 사람이 늘어나자 2013
년부터 커뮤니티에 이커머스 기능을 추가하고 다양한 메이커들을
입점시켜 상품을 팔기 시작한다. 커뮤니티 기능과 이커머스 기능이
조화롭게 안착된 푸드52는 폭발적으로 성장했고, 그 결과 2019년 투
자회사 TCG The Chernin Group 는 거금 8300만 달러를 들여 푸드52의 주
요 지분을 사들였다. 요리에 취미를 가진 두 사람이 만든 이 커뮤니
티는 1억 달러 이상의 기업 가치를 지닌 새로운 미디어로 평가받으
며 성장가도를 달리고 있다. 거대 기업을 만들겠다는 야심 없이도,
비슷한 취미를 가진 사람들의 느슨한 연대를 기반으로 한 커뮤니티
가 얼마나 큰 가치를 창출할 수 있는지 푸드52는 보여준다.

디지털 전환의 시대, 어쩌면 개인과 기업이 성장할 수 있는 가장
큰 원동력은 커뮤니티에 있을지 모른다. 이제 기업들은 지속가능한
성장을 위해, 기업이 아닌 소비자가 주도하는 커뮤니티를 만들어내
야 한다. 그 안에서 다양한 데이터를 수집하고, 이를 기반으로 소비
자들의 생각을 읽어내고, 다양한 리워드 시스템을 도입해 우호적인
태도를 보이는 소비자를 '찐팬'으로 양성해야 한다.

이 책에서는 아마존이나 애플, 테슬라 같은 혁신 기업들이 왜 지금 이 시점에 커뮤니티를 형성해 차별화된 가치를 만들어내려고 하는지 살펴볼 것이다. 아울러 커뮤니티 형성에 관심이 있는 기업과 개인이 건강하고 지속성 있는 커뮤니티를 만들기 위해 고려해야 할 7가지 법칙을 소개할 것이다.

커뮤니티는 사람들의 자발적인 모임을 기반으로 이루어지기 때문에, 기업이 일방적으로 자신들에게 유리한 방향으로 유도하기 힘들다. 앞서 언급한 LG유플러스의 유플맘살롱 역시 초기에 기업이 적극적으로 개입해 이끌 때에는 성장에 어려움을 겪었다. 이에 접근방식을 바꿔 커뮤니티 운영자 자리를 과감하게 고객들에게 내어놓고, 아이를 키우는 진짜 엄마들이 자신들의 방식으로 커뮤니티를 운영하고 활동 가이드라인을 세우게 하면서 비로소 성장하기 시작했다. 이처럼 커뮤니티가 제대로 성장하려면 고객 관점에서 커뮤니티를 돌아보고 그에 맞는 전략을 세울 필요가 있다. 앞으로 소개할 커뮤니티를 만드는 7가지 법칙을 통해 기업과 개인이 커뮤니티를 성공시키려면 어떤 점을 고민하고 실행에 옮겨야 하는지 짚어보았다. 또한 국내 커뮤니티 분야에서 활발히 활동 중인 전문가 네 분을 인터뷰해 성공적인 커뮤니티 구축을 위한 현실적인 노하우를 담아냈다.

끝으로 이 책을 집필하기까지 도움을 주신 많은 분들에게 감사의 말을 전하고 싶다. 개인적으로 운영 중인 비영리 학습 커뮤니티 디지털 마케팅 연구소(www.digitalmarketinglab.co.kr)에서 함께 활동 중인 제자들에게 감사한 마음을 전한다. 언제나처럼, 그들과 나눈 대화들이 책에서 다룬 아이디어들을 발전시켜나가는 데 큰 도움이 되었다. 특히 김수진, 오진우, 이지연 이 세 명의 제자가 고객 리워드 설정 및 TRIBE 모델 구축에 근원적인 아이디어를 제공해주었다. 관심을 보여주신 지인들께도 감사한 마음을 전하고 싶다. 특별히 바쁜 와중에 인터뷰에 응해주신 백영선 대표님, 우승우 대표님, 차상우 대표님, 서권석 님, 박찬빈 님께 진심으로 감사드린다. 오랜 커뮤니티 활동에서 쌓은 경험을 기반으로 들려준 그들의 이야기가 이 책에 담긴 중요한 통찰력을 전하는 데 큰 도움이 되었다. 이외에도 이 책의 토대가 된 수많은 칼럼을 쓰게 해주신 《매일경제》,《더피알The PR》에 감사하다는 말을 전한다. 책을 쓰는 동안 커뮤니티 컨설팅 플랫폼 브랜덕(www.branduck.co.kr)을 론칭했다. '커뮤니티 전략'이라는 큰 틀 안에서 브랜드의 덕후 팬을 만들고자 하는 기업 및 개인들과 다양한 방식으로 교류하기를 희망해본다. 올해로 대학 강단에 선 지 10년이 되었다. 이 책의 출간이 개인적으로 더 뜻깊게 여겨지는 이유다.

이승윤

차례

Chapter 1
잘나가는 회사들이 커뮤니티에 집중하는 이유

Chapter 2
성공적인 커뮤니티를 만드는 7가지 법칙

Chapter 3
커뮤니티 플랫폼의 미래 트렌드

커뮤니티를
지배하는 자가
승리한다

성공한 브랜드의 공통점 중 하나는
고객을 한데 묶는 힘이 있다는 것이다

2019년 11월, IT 매거진《쿼츠Quartz》는 나이키가 아마존과의 파트너십을 종결하기로 결정했다고 발표했다. 나이키의 갑작스러운 결정에 디지털 전문가들은 놀라움을 금치 못했다.

"모든 길은 아마존으로 통한다"라고 할 만큼 아마존의 위력은 대단하다. 2020년 시장조사업체 이마케터eMarketer가 발표한 미국 전자상거래 점유율을 보면 아마존이 38.7퍼센트로, 2위인 월마트Walmart (5.3퍼센트)의 7배가 넘는다. 사실상 아마존의 독점이라 볼 수 있는 이 시장에서 아마존을 통해서 물건을 팔지 않겠다는 나이키의 결정은 시류에 역행하는 어리석은 행보라고도 볼 수 있다. 그렇다면 나이키는 왜 아마존과의 달콤한 밀애를 뒤로하고 결별을 선언했을까?

나이키가 아마존과 결별한 이유

대다수의 전문가는 나이키가 리스크를 감수하면서까지 아마존과의 거래를 끝낸 것이 소비자 직거래 판매 방식인 'D2C Direct to Consumer'에 주력하기 위해서라고 말한다. 실제로 나이키의 CEO 존 도나호John Donahoe는 언론 인터뷰를 통해 나이키의 핵심과제는 소비자들과의 직접적인 관계 형성이며, 이를 위해 차별화된 고객 경험을 전달해줄 수 있는 직접적인 소통 플랫폼을 구축할 것이라고 여러 차례 밝혔다.

나이키는 아마존과의 거래가 당장의 매출에 도움이 된다는 것을 모르지 않았다. 하지만 그 과정에서 축적된 데이터를 아마존으로부터 모두 공유받지 못하다 보니, 결국 자신들이 원하는 방식으로 소비자들과 소통하기 어렵다는 판단을 내린 것이다.

나이키는 장기적인 관점에서 지금이라도 아마존에서 벗어나야 한다고 판단했다. 나아가 더 늦기 전에 그간 구축해온 브랜드력을 바탕으로 소비자들과 직접 소통하며 깊은 관계를 맺을 수 있는 자체 온라인 플랫폼을 만들기로 결정했다.

이런 움직임은 비단 나이키에 국한된 것이 아니다. 탄탄한 브랜드력을 가진 수많은 글로벌 브랜드가 이에 동참하고 있다. 랄프로렌Ralph Lauren, 파타고니아 Patagonia, 노스페이스The North Face, 버켄스탁Birkenstock 같은 패션 브랜드부터 이케아 같은 가구 브랜드까지 유수의 글로벌 브랜드들이 아마존을 떠나 독자적인 D2C 구축에 나서고 있다. 이제 이들에게 중요한 것은 거대 유통업체에 입점해서 누리는 편리함이 아니라, 핵심 소비자들과 지속가능한 관계를 맺으면서 브랜드 경험을 전달하는 것이다.

디지털 세상은 복잡하다. 수많은 브랜드가 각종 사이트에서 보다 저렴한 가격으로 소비자들을 유혹하고 있으며 보조품도 범람하고 있다. 이런 상황에서 브랜드들은 '가장 본질적인 요소가 가장 중요하다'는 것을 깨닫고 고객들과 직접 소통하면서 브랜드 경험을 나누는 데 역량을 집중하기 시작했다. 나이키 같은 글로벌 브랜드들이 직접적인 판매 채널들을 늘려나가는 것도 이런 이유에서다.

비단 아마존 같은 온라인 유통 파트너와의 거래뿐 아니라 전통적인 오프라인 유통사와도 거래를 줄이는 추세다. 나이키는 현재 3만 개 정도 되는 유통 파트너사를 40여 개로 줄이고 '나이키 라이브^{Nike Live}' 같은 독특한 경험을 주는 다채로운 직영 매장들을 계속 늘려갈 계획이라고 한다.

물론 거대 중간유통 파트너를 통하지 않고 D2C 전략에 집중했을 때의 문제점도 있다. 기업이 직접 제품을 판매하려면 자사의 독점적인 온라인 플랫폼을 정기적으로 찾는 충성도 높은 소비자가 많아야 한다. 오늘날의 디지털 네이티브는 자신의 취향을 정확히 반영해주는 트렌디한 상품을 찾기 위해 끊임없이 다양한 채널들을 찾아다닌다. 또한 더 많은 브랜드를 '발견'하는 재미를 주는 곳에서 오랜 시간을 보낸다. 즉 충성도가 낮은 브랜드가 섣불리 D2C 전략을 쓸 경우

매출에 어려움을 겪을 수 있다는 말이다.

　이러한 이유로 나이키처럼 D2C에 집중하려는 브랜드들은 커뮤니티적인 가치를 전달하는 플랫폼의 구축을 가장 중요하게 생각한다. 소비자들이 계속 찾을 만큼 흥미로운 콘텐츠를 끊임없이 생산하는 커뮤니티가 있어야 충성도 높은 팬이 늘어나고 이들로부터 유의미한 데이터를 확보할 수 있다. 이는 제품이나 서비스에 새로운 가치를 부여하기 위한 필수 요소다.

　나이키가 세운 D2C 전략의 핵심은 독자적인 커뮤니티 플랫폼을 구축해서 전달하는 '고객 경험'에 있다. 그리고 그 핵심은 나이키가 지난 30년 넘게 이야기해온 '저스트 두 잇Just Do It'이다. 한마디로 너무 복잡하게 생각하지 말고, 그냥 무엇이든 해보라는 이야기다.

　1980~1990년대 나이키는 '저스트 두 잇'을 전통적인 제조업에 기반을 둔 멋진 운동화와 운동복으로 달성하려고 했다. 하지만 이제 나이키는 제품을 통한 가치 전달을 넘어, 제품과 관련한 '저스트 두 잇' 경험을 긍정적인 방향으로 극대화해줄 디지털 기술을 내장한 커뮤니티 플랫폼을 만들었다. 그 결과로 탄생한 것이 모바일 애플리케이션 '나이키 런 클럽Nike Run Club'이다.

　나이키 런 클럽을 실행하면 뛰는 재미가 배가된다. 이어폰을 끼면 어느 정도 거리를 얼마나 빠른 속도로 뛰었는지 알 수 있다. 혼자 뛰기 싫은 날은 '러닝 가이드' 서비스를 이용하면 된다. 초보자의 경우 23분가량의 운동 프로그램 '퍼스트 런First Run'을 실행하면 유명 코치

인스타그램에 공유된 '나이키 런 클럽' 활동 모습.

의 조언을 들으며 편안한 기분으로 뛸 수 있다. 뛰다가 지쳐갈 때쯤
엔 다시 전문 코치의 응원이 들려오고, 마무리 과정에서는 부상 방지
를 위한 주의사항이 전달된다. 이뿐만이 아니다. 혼자 뛰다가 지치지
않도록 훌륭한 러닝 메이트를 '연결'시켜주는 커뮤니티적인 가치를
추가했다.

러닝이 끝나면 그날 조깅한 코스를 지도로 보여주고, 평균 페이스
와 소모된 칼로리의 양도 알려준다. 이런 기록들은 나이키 런 클럽을
통해 차곡차곡 쌓이는데, 회원들에게 서로의 정보를 공유하게 함으

로써 커뮤니티 경험을 선사한다. 회원들은 나이키가 제공하는 무료 스티커를 이용해 오늘 하루 열심히 뛴 자신을 응원하고 해당 기록을 꾸밀 수 있다. 인스타그램을 비롯한 소셜미디어에 들어가면, 개성 있게 자신의 조깅 기록을 꾸며서 공유한 사진들을 쉽게 찾아볼 수 있다.

나이키 런 클럽은 지속적으로 운동할 수 있도록 '챌린지'라는 이벤트도 끊임없이 만들어 제공한다. 가령 '10월 100K 챌린지'는 10월 내에 100킬로미터를 뛰는 챌린지로, 여기에 동참하는 전 세계 나이키 러너들의 정보를 리더 보드에서 볼 수 있다. 챌린지를 마친 고객에게는 한정판 운동화 등 다양한 형태의 리워드를 제공한다.

나이키 런 클럽과 함께라면 조깅은 결코 혼자 하는 운동이 아니다. 전 세계 곳곳에서 벌어지고 있는 무료 이벤트나 운동 세션을 찾아서 새로운 친구들과 함께 운동할 수 있다. 그리고 이 모든 고객 경험을 통해 자연스럽게 새로운 조깅화와 운동복을 추천받고 구매하는 경험까지 하게 된다. 이제 나이키의 새로운 전략은 본질적인 업과 관련된 새로운 디지털 고객 경험을 설계하고, 이를 독보적인 커뮤니티 플랫폼을 통해 전달하는 것이다.

커뮤니티 플랫폼을 통해 직접적인 고객 경험을 강화하는 나이키의 D2C 전략은 현재까지 성공적이라는 평가를 받고 있다. 시장조사 기관인 스태티스타Statista의 발표에 따르면, 아마존과의 결별 이후 나이키의 D2C를 통한 매출은 매년 지속적으로 성장하고 있다. 2022년에 이르러 122억 달러를 달성했는데, 이는 코로나19 여파로 오프라인 매장을 폐쇄하면서 폭락한 매출을 D2C 채널을 통한 온라인 판매로 극복한 결과다. 이렇듯 제조업 전반에서 나이키처럼 자사의 제품과 서비스에 커뮤니티적인 가치를 결합해 소비자와 깊은 관계를 맺으려는 기업들이 점차 늘고 있다.

홈트레이닝 회사는 어떻게 팬덤을 형성하는가

'세상에서 가장 비싼 빨래 건조대.'

스크린이 달린 가정용 실내 자전거를 이르는 말이다. 인터넷 커뮤니티에는 비싼 돈을 들여 구입한 실내 자전거를 운동하는 데 사용하지 않고 빨래 건조대로 쓰는 이들의 후일담이 많다. 그만큼 홈트레이닝 시스템이나 기구를 통해 꾸준히 운동하기가 쉽지 않은 탓에 업계에서도 '실내 홈트레이닝 시스템은 성공하기 어렵다'는 분위기가 팽배하다.

그런데 이러한 고정관념을 획기적으로 바꾼 기업이 있다. 홈트레이닝계의 넷플릭스라고 불리는 펠로톤Peloton 이다. 디지털 헬스케어 시장의 대표적인 유니콘 기업인 펠로톤은 2019년 9월 나스닥에 상장한 후, 2021년 시가총액이 500억 달러까지 5배 가까이 치솟으며 코로나19 팬데믹 기간 동안 가장 크게 성장한 기업 중 하나가 되었다.

2022년 초까지는 아마존과 애플 등으로부터 러브콜을 받으며 이들 기업이 인수를 계획한다는 소문이 나돌 만큼 펠로톤의 비즈니스 가치는 높게 평가받았다. 그렇다면 글로벌 빅테크 기업들이 인정한 펠로톤의 진정한 가치는 무엇이며, 그 가치는 어떻게 만들어졌을까?

사실 펠로톤의 비즈니스 모델은 단순하다. 주로 모니터가 달린 운동기구와 가정용 실내 자전거를 판매하는데, 한 가지 다른 점이 있다면 운동하면서 볼 수 있는 콘텐츠 개발에 비즈니스 역량을 집중한다는 것이다. 펠로톤의 제품을 구매한 고객들은 제품에 장착된 모니터로 다양한 콘텐츠를 즐기기 위해 매달 44달러(2022년 6월 기준)의 구독료를 낸다. 그런데 펠로톤의 제품들은 대부분 고가다. 가장 저렴한 자전거 모델이 1890달러, 러닝용 트레드밀은 2495달러에 이른다.

사실 펠로톤의 진짜 강점은 운동기구의 우수성이 아니라, 구독자들에게 제공하는 콘텐츠를 통해 성공적인 커뮤니티 비즈니스를 구축했다는 점이다. 펠로톤이 가장 집중하는 것은 구독자들 사이에 유대감을 형성하는 것이다. 펠로톤은 자신을 중심으로 한 '컬트 커뮤니티'가 만들어지길 원했다. 그 컬트 커뮤니티에서 교주 역할을 하는 이들은 유명한 운동 강사들이다.

펠로톤이 키우는 스타 강사들은 매주 뉴욕 소재의 스튜디오에서 라이브로 사이클 클래스를 진행하는데, 이 과정은 실시간으로 구독자들에게 생중계된다. 웬만한 TV 프로그램 이상의 퀄리티를 가진 이 클래스는 최고의 음향 장비와 카메라를 사용하며, 클래스 과정은 정교한 시나리오를 바탕으로 수차례의 리허설을 통해 다듬어진다.

유명 백댄서 경력을 가진 강사는 사이클링을 하면서 댄스 요소를 가미하고, 입담이 좋은 강사는 코미디언처럼 익살스러운 유머를 구사한다. 뛰어난 선곡 능력으로 최신 음악을 발굴해 이를 운동 요소와 결합하는 강사도 있다. 이렇듯 다재다능한 스타 강사들은 구독자들과의 친밀감을 높이기 위해 수업시간에 끊임없이 회원들의 이름을 불러주거나, 자전거 회전 수·속도·거리 등을 체크하면서 개인 지도까지 해준다. 이런 과정을 통해 구독자들은 강사에게 깊은 친밀감을 느끼면서 열렬한 팬이 된다. 운동이 끝난 후에도 강사들의 개인 SNS를 통해 친밀하게 소통하면서 더욱 강력한 팬덤으로 진화한다.

펠로톤은 스타 강사를 중심으로 한 커뮤니티 구축에 성공한 이후 고객들의 라이프스타일을 기반으로 한 서비스에 주력했다. 펠로톤의 강사들은 라이브 DJ처럼 자신만의 음악 재생 목록을 사용해 수업을 진행하는 경우가 많다. 그 결과 특정 음악 리스트에 대한 회원들의 관심도를 파악하게 되었고, 이를 기반으로 2021년부터 스트리밍 음원 서비스인 '아티스트 시리즈'를 시작했다.

가령 BTS 음악에 빠져 있다면 BTS 노래로 수업을 진행하는 강사를 선정해 운동하면서 들을 수 있다. 이 서비스는 특정 가수나 노래를 좋아하는 사람들이 수업을 통해 자연스럽게 만날 수 있는 기회를 만들어준다. 펠로톤의 회원들은 내부 SNS를 통해서도 교류하고 수업 도중에 서로에게 응원의 메시지를 보내기도 한다. 이러한 커뮤니

2020년 펠로톤은 비욘세와 손을 잡고 '온라인 치유 프로그램'을 개발했다.

티를 통해 회원들은 소속감과 친밀감을 쌓으며 지속적으로 운동할 수 있다.

펠로톤은 왜 그들의 핵심 역량을 이러한 컬트 커뮤니티를 만드는 데 집중하고 있을까? 창업자 존 폴리 John Foley 는 펠로톤의 핵심가치를 '함께 신나게' 운동하는 것이라고 강조했다. 함께 신나게 운동하면 꾸준히 반복적으로 할 수 있기 때문이다. 이러한 가치를 전달해주는 커뮤니티가 없었다면, 펠로톤의 제품은 가정용 전기 자전거에 태블릿 PC를 붙여놓은 '상품'에 불과했을 것이다.

펠로톤의 성과는 디지털 시대의 기업이 좋은 제품을 만드는 것을 넘어, 고객들이 원하는 경험을 설계하고 이를 디지털 기술을 이용해 적절하게 전달하는 것이 얼마나 중요한지를 보여준다.

인생곡을 찾아주는 음악 플랫폼

2021년 2월 세계 최고의 음악 스트리밍 회사로 불리는 스포티파이Spotify가 드디어 한국 시장에 서비스를 론칭했다. 스테티스타에 따르면 2022년 2월 기준 스포티파이의 유료 프리미엄 구독자 수는 1억 8000만 명으로 글로벌 점유율이 35퍼센트에 육박한다. 무료 이용자까지 포함하면 3억 명이 넘는 사용자를 보유하고 있으며 성장세도 여전히 가파르다. 2017년 초를 기준으로 3년 만에 약 2배의 성장세를 기록했다.

2006년 스웨덴 변방의 도시 록스베드의 한 임대 아파트에서 시작한 이 스타트업은 어떻게 15년 만에 전 세계 최대 음원 스트리밍 서비스 회사로 성장할 수 있었을까? 스포티파이의 가장 큰 장점은 혼자서 음악을 듣는 기존 플랫폼과 달리 음악을 참신하고 흥미롭게 듣는 방식을 제안하여 소속감을 갖게 하는 커뮤니티 전략에 있다.

스포티파이가 창업할 무렵, 스티브 잡스Steve Jobs의 아이튠즈 뮤직 스토어에서 매년 음원이 수십억 회 다운로드되면서 디지털 음원 판매 시장이 막 성장하고 있었다. 당시 애플과 음반사들은 음원의 불법 다운로드를 척결하기 위해 노력하고 있었다. 그런데 스포티파이는 해당 사이트를 싸워 없애야 할 적이 아닌, 차별화된 경험을 통해 뛰어넘어야 할 '허들'로 보았다. 인터넷의 속성상 음원 불법 공유를 완전하게 막을 수 없다고 생각한 것이다.

스포티파이의 비즈니스 모델도 펠로톤처럼 단순하다. 사용자들은 누구나 자신이 좋아하는 음악을 무료로 들을 수 있다. 대신 광고에 노출되면 된다. 만약 광고가 음악을 듣는 데 방해된다고 생각하면 돈을 내고 프리미엄 서비스를 구독하면 된다. 스포티파이는 불법으로 음원을 듣는 이들의 부채감을 덜어주면서 빠른 속도로 수많은 구독자들을 확보할 수 있었다. 음악 무료 제공과 구독 기반의 수익 창출 아이디어는 '사람들은 음악을 소유하고 싶어한다. 결코 렌트하기를 원하지 않는다'라는 스티브 잡스의 생각과는 정반대의 발상이다.

스티브 잡스는 음반업계 관계자들에게 "왜 당신들이 스포티파이에 무료로 음악을 제공해주는지 이해할 수 없다"라며 다양한 방식으로 스포티파이를 시장에서 내쫓으려고 했다. 하지만 스포티파이는 그들의 플랫폼 운영 방식이 죽어가는 음반업계와 수천만의 잠재적 소비자들을 새로운 방식으로 연결해 막강한 가치를 창출할 수 있다고 피력하며 음반사들을 설득해나갔다. 자신들의 플랫폼이 음악을 듣는 소비자와 생산하는 공급자에게 차별적인 가치를 제공하고, 이들을 하나로 묶어내는 커뮤니티 전략임을 앞세워 골리앗 애플에 맞서 시장을 키워나갔던 것이다.

특히 사용자들의 취향에 맞춰 음악을 큐레이션해주는 정교한 서비스를 구축하는 데 모든 역량을 쏟아부었다. 사용자 중 상당수가 플레이리스트 음악을 그냥 틀어두는 경우가 많다는 사실에 주목한 것이다. 스포티파이는 이를 경쟁자들과의 차별 요소로 보고, 사용자가 음악을 듣는 순간에 딱 맞는 최적의 음악을 큐레이션하는 데 주력했다. 그렇게 해서 만들어진 기능이 '순간Moment'이다. GPS 좌표를 기반으로 사용자의 음악 취향, 음악을 듣는 장소와 시간, 날씨 등을 종합적으로 판단해서 최적의 음악을 빠르게 선곡해준다.

'스포티파이 러닝Spotify Running'은 나이키와 공동 개발한 서비스다. 러너의 뛰는 속도와 비슷한 리듬의 음악을 추천해주는 서비스로, 나이키가 제공하는 러닝 앱에서 그날의 목표 거리와 선호하는 음악 스타일 등을 입력하면 뛰는 속도에 맞춰 개인화된 100개의 음악 리스트가 자동으로 만들어진다. 매주 월요일 사용자에게 제공되는 일대일 맞춤형 플레이리스트 '디스커버 위클리Discover Weekly'도 스포티파이의 성장에 큰 역할을 했다. 사용자가 직접 아티스트나 음악 스타일을 선택하는 '데일리 믹스Daily Mix'와 달리, 새로운 음악을 자동으로 추천해 사용자에게 발견하는 재미를 느끼게 하는 것이 핵심이다.

스포티파이의 서비스는 재생 이력이 유사한 사람들을 모아 음악 소비 패턴을 분석한 후, 음악의 템포·구조·강도 등이 조화를 이루는 플레이리스트를 끊임없이 만들어낸다. 그리고 이런 플레이리스트를 좋아할 만한 사람들을 서로 매칭한다. 이 서비스는 사용자에게 '자신만의 DJ'를 갖는 경험을 선사한다. 이를 통해 '인생 곡'을 찾았다는 사람이 급증했을 만큼 스포티파이의 추천 알고리즘은 견고하고 강력하다. 그 결과 사용자들은 스포티파이를 음원 서비스 회사가 아닌 음악을 사랑하는 사람들의 커뮤니티로 인식하게 된다.

이러한 커뮤니티적 가치를 더 공고히 하기 위해 스포티파이는 차별화된 마케팅 캠페인을 꾸준히 진행하고 있다. 그중 하나가 2016년부터 연말마다 꾸준히 선보이고 있는 사용자 데이터 기반의 옥외 광고 캠페인이다. 거대한 옥외 간판에 "밸런타인데이에 '미안해Sorry'란 곡의 플레이 버튼을 42번이나 누른 당신, 무슨 잘못을 한 거예요?", "브렉시트 투표 결과가 발표되던 날, '이제 우리가 아는 세상은 끝장이야'라는 노래를 들은 3749명의 그대들 힘내요!"와 같은 문구를 영상과 함께 내거는 식이다.

스포티파이는 플랫폼 안에서 사용자 개개인의 음악적인 취향을 존중하며 끊임없이 누군가와 연결시키는 것을 중요하게 생각한다. 나아가 사용자뿐 아니라 플랫폼에 음악을 제공하는 '제공자Provider'들에게도 커뮤니티적인 가치를 제공하려고 노력한다. 특히 아직 알려지지 않은 뮤지션들이 플랫폼 안에서 중요한 역할을 하는 아티스트로 성장하도록 적극적으로 돕는다. 디지털 시대가 도래하면서 뮤지션으로의 진입 장벽이 낮아졌기 때문에 누구나 자유롭게 음악을 만들어 배포할 수 있다. 스포티파이는 재능 있는 아티스트들이 메이저 음반사를 통하지 않고도 자신의 음악을 대중에게 들려줄 수 있는 플랫폼 역할을 한다.

또한 사용자들이 남긴 객관적인 데이터를 기반으로 선곡을 해주기 때문에 그들의 플랫폼이 높은 투명성을 가지고 있다는 점을 강조한다. 아시아의 무명 인디밴드도 좋은 곡을 만들어 스포티파이에 올

사용자 데이터를 기반으로 한 스포티파이의 옥외 광고

리면 '디스커버 위클리'에 진입할 수 있는데, 좋은 반응을 얻으면 단시간 내에 많은 팬을 확보할 수 있다. 스포티파이의 이러한 서비스로 무명 아티스트가 빅스타가 된 경우가 많다. 2018년부터는 작은 음반사와 매니저들에게 저작권료를 선불로 지급하는 식의 후원을 지속적으로 하고 있다.

스포티파이는 그들이 만든 생태계 안에서 음악을 듣는 이용자와 음악을 제공하는 아티스트 및 음반 제작자들이 각자의 개성을 드러낼 기회를 끊임없이 제공하면서 이들을 연결해오고 있다. 이러한 노력 덕분에 스포티파이는 기술 기반의 음악 스트리밍 플랫폼이 아니라, 음악을 사랑하는 사람들이 혁신적인 가치를 만들어가는 커뮤니티로 자리매김하게 되었다. 이러한 커뮤니티 구축 전략이 스포티파이가 애플, 구글, 아마존 같은 대기업의 틈바구니에서 살아남을 수 있었던 이유다.

음악 잡지 《페이더 **Fader** 》가 2015년 6월에 발표한 자료에 따르면 스포티파이를 이용하는 7500만 명 중 2000만 명이 유료 구독자다. 즉 사용자 네 명 중 한 명 정도가 무료로 음악을 듣다가 자연스럽게 유료 구독자가 되었다는 의미다. 25퍼센트에 가까운 전환율은 프리미엄 비즈니스에서는 매우 놀라운 숫자다(대개는 1퍼센트만 나와도 성공적이라 평가된다). 이 수치는 스포티파이가 사용자와 공급자의 개성과 철학을 존중하고 끊임없이 이들을 연결해 자신들의 플랫폼을 '음악을 진정으로 사랑하는 사람들로 이루어진 커뮤니티'로 인식하게 만든 결과라 할 수 있다.

커뮤니티가 기업의 흥망성쇠를 좌우한다

오늘날 성공한 브랜드의 공통점 중 하나는 그들의 서비스를 이용하는 사람들을 한데 묶는 힘이 있다는 점이다. 나이키와 펠로톤은 땀흘리며 운동하기를 좋아하는 사람들의 열정을 결집하고, 스포티파이는 음악을 듣는 사람들의 취향과 경험을 상호 연결지어 브랜드력을 더욱 강화했다. 최근에는 대기업뿐 아니라 혜성처럼 등장한 스타트업들도 커뮤니티에 새로운 가치를 부여하고 있다.

2021년 9월 당근마켓이 '남의집'에 10억 원을 투자했다. 남의집은 관심사를 기반으로 타인의 개인적인 공간에 모여 대화를 나누는 일종의 취향 커뮤니티다. 지역을 기반으로 가까운 거리에 살고 있는 주민들 간의 로컬 커뮤니티를 지향한다. 가정집이나 작업실 혹은 동네 가게 등에서 같은 지역의 사람들이 모여 취향을 공유하며 오프라인 커뮤니티를 구축할 수 있도록 돕고 있다.

남의집은 2019년 4월 김성용 대표가 창업한 1인 기업이다. 사업의 핵심은 개인의 유휴 공간에 취향이 맞는 사람들을 초대해 대화하도록 돕는 것이다. 에어비앤비 AirBnB 가 투숙을 위해 개인의 유휴 공간을 연결해 판매한다면, 남의집은 거실 기반의 취향 경험을 판매하는 플랫폼을 추구한다. 얼핏 보면 '모르는 사람에게 자기 집을 공유하는 사업이 가능할까?'라는 의문이 들 수 있다. 하지만 아이러니하게도 디지털 전환 시대에 가장 큰 성장 원동력을 가진 것이 바로 오프라인 커뮤니티다.

2022년 4월에는 2000만 명 이상의 사용자를 보유한 당근마켓의 '내 근처'에 연동해 서울과 수도권 전 지역으로 서비스를 확장했다. 당근마켓이 남의집과 제휴한 것은 지역 간 중고물품 거래뿐 아니라 로컬 커뮤니티 생태계를 조성하는 데 주요한 역할을 할 것이라고 판단했기 때문이다. 이 제휴를 통해 남의집이 취향이 비슷한 사람들을 자신의 공간에 초대하는 것을 넘어, 지역 가게의 단골들을 모아 다양한 프로젝트를 할 수 있는 형태로 확장되면 새로운 비즈니스 모델을 만들 수 있을 것이다.

이러한 이유로 최근 남의집 같은 커뮤니티 기반 플랫폼에 대한 관심과 투자가 나날이 늘고 있다. 일례로 관심사 기반 커뮤니티 서비스 '문토'는 2021년 8월 IMM인베스트먼트, 대교인베스트먼트, 본엔젤스벤처파트너스로부터 20억 원의 투자를 이끌어냈다. 코로나19의 영향으로 오프라인 커뮤니티 모임이 제한되면서 성장 동력에 타격을 받을 것으로 우려되던 이들 커뮤니티 서비스 플랫폼에 대해 여전히 많은 투자자가 관심을 보이고 있다.

비단 오프라인 영역뿐만 아니라 온라인을 기반으로 한 다양한 커뮤니티 기반의 서비스도 폭발적으로 늘어나고 있다. '썸원의 서머리 앤에디트SUMMARY&EDIT'는 윤성원 대표의 1인 뉴스레터 서비스에서 시작되었다. 윤 대표의 개인적인 취향을 기반으로 다양한 콘텐츠를 선별, 여기에 자신만의 인사이트를 담아 요약한 글을 구독자들에게 전달한다.

2019년에 서비스를 시작한 이후로 2021년 12월 31일 기준, 100개가 넘는 뉴스레터를 발행했으며, 자체 발표에 따르면 평균 오픈율이 45퍼센트에 이를 만큼 높은 편이다. 구독은 무료지만 유료 서비스인 '썸원 프라임 멤버십'에 가입하면 콘텐츠가 아카이빙되어 있는 '썸원 비블리오티카'에 접속할 수 있는 권한을 갖게 되고, 다양한 오프라인 커뮤니티 서비스를 제공받을 수 있다. 예를 들어 '멤버십 오피스 아워'라는 멤버십을 가지면 같은 멤버끼리 오프라인에서 가볍게 커피

한잔을 마시며 교류하는 행사에 참여할 수 있다.

이처럼 과거와는 달리 한 개인이 차별화된 서비스를 온라인으로 제공하고, 이를 기반으로 사람들을 모아 멤버십화해서 커뮤니티로 만드는 비즈니스 모델이 앞으로도 늘어날 전망이다. 특히 특정 개인이 뉴스레터 형태로 보내는 일간지가 유행이다. 2018년 학자금 대출 2500만 원을 갚을 요량으로 '아무도 안 청탁했지만 쓴다!'라는 호기로운 멘트로 셀프 연재를 내걸고 구독자를 모은 이슬아 작가의 '일간 이슬아'가 대표적이다. 구독료는 월 1만 원으로 매달 약 20편의 글을 이메일로 보내주는 서비스다. 일간 이슬아는 거대 중간 플랫폼이 아닌 개인 이메일 서비스 모델을 성공시켰다는 데 의미가 크다.

이슬아 대표는 일간 이슬아의 성공 이후, 1인 출판사인 헤엄을 설립해 총 4종을 출간하고 10만 권 가까이 팔았다. 기록적인 성과보다 더 흥미로운 사실은 이 모든 과정을 외부의 도움 없이 가족들과 함께 이루어냈다는 점이다. 이러한 성공적인 비즈니스 모델은 인간 이슬아에게 매력을 느끼는 소수의 골수팬을 만들어냈고, 이후 수많은 '일간 ㅇㅇㅇ'가 등장했다.

윤성원 대표와 이슬아 작가의 사례에서 알 수 있듯이 커뮤니티 비즈니스는 대기업 혹은 다수를 대상으로 하는 스타트업의 전유물이 아니다. 1인 창업을 통해서도 얼마든지 의미 있는 성과를 만들어낼 수 있으며 장기적인 관점에서 커뮤니티로 성장시킬 수 있다.

이제 규모와 상관없이 모든 비즈니스의 시작과 성공의 근간은 '커

당신의 메일로 매일 글을 보내드립니다.

(연재는 셀프)

일간 이슬아
日刊 李瑟娥

세산값은 학자금 대출!
티끌모아 갚는다 이자!

신문방송학 전공했으나
신문도 방송도 잘 몰라…
학자금 대출로 이천만 원 쌓여…
을 줄 아는 거라곤 수필밖에 없어…

아무도
안 청탁했지만
쓴다!

날마다
뭐라도 써서
보낸다!

월화수목금 연재!
매월 20편의 수필!

한 달 구독료
1만 원

2월 11일 신청 마감
2월 12일 연재 시작
3월 9일 연재 종료

짧지도 길지도 않은 수필을
한 편당 500원에 만나보실 수 있는
절호의 찬-스!

※ 재미도 감동도 없을 수 있습니다.

개인 이메일 서비스 모델을
성공시킨 일간 이슬아.

출처 : https://www.sullalee.com/dailee-sulla

뮤니티 기반의 서비스'에 있다고 해도 과언이 아니다. 디지털 전환의 시대, 기업의 경쟁력은 개방형 혁신을 만들어낼 수 있는 플랫폼 기반의 생태계를 누가 더 매력적으로 만들어내느냐에 달렸다. 고객들이 혁신의 중요한 역할을 할 수 있는 주체로 부상했기 때문이다. 이제 고객은 더 이상 눈앞에 놓인 상품을 구매하는 수동적인 소비자가 아니다. 따라서 기업은 자신들의 제품과 서비스를 좋아하는 핵심고객을 파악하고, 이들이 모일 수 있는 매력적인 생태계 플랫폼을 구축하고, 그들로부터 더 많은 아이디어와 데이터를 모으고, 이를 통해 또다른 혁신적인 제품을 만들어내는 데 주력해야 한다.

지금까지 차별화된 가치를 만들어내는 제품과 서비스를 누가 더 빠르게, 더 적절한 가격에 내놓느냐로 경쟁해왔다면, 이제는 개방형 혁신을 만들어낼 수 있는 플랫폼 기반의 생태계를 어떻게 매력적으로 만들어내느냐에 집중해야 한다. 이른바 개방형 혁신을 만들어내는 커뮤니티에 생존과 성장의 열쇠가 달렸다고 할 수 있다.

기업들이 커뮤니티를 통해 이루고자 하는 것

이제 자문해볼 필요가 있다. 우리에게 고객을 사로잡을 매력적인 커뮤니티가 있는가? 과연 어떻게 해야 개방형 혁신까지 가능한 커뮤니티를 만들 수 있을까? 이 물음에 답하기에 앞서 생각해볼 것이 있다. 커뮤니티를 통해 궁극적으로 이루려는 바가 무엇인지에 대한 방향 설정이다.

최근 기업들은 커뮤니티의 가치를 중시하면서 보다 세부적인 목표를 중심으로 커뮤니티 유형을 차별화하고 있다. 그들이 커뮤니티 운용 목표로 내세운 가치는 크게 4가지로 분류할 수 있다.

첫 번째는 '정보 교류형' 커뮤니티다. 자사의 제품과 서비스에 대한 다양한 정보를 커뮤니티에 제공해서 고객 지원 및 소통의 활성화를 목표로 삼고 있다. 화장품 기업 세포라^{Sephora}의 '뷰티 인사이더 커뮤니티'가 대표적이다. 뷰티 인사이더 커뮤니티는 고객이 직접 제품 구매 관련 팁이나 구매 후기 등을 다른 소비자들에게 전하는 한편,

비즈니스 관점에서 본 커뮤니티의 유형

커뮤니티 운영 목적

		지원과 경험 활성화	참여감 고취/혁신 아이디어 도출	브랜드 비전 전달/아이덴티티 구축	사업 핵심가치 창출
커뮤니티 운영 주체	브랜드 주도형	**정보교류형** 고객-기업 또는 고객간 제품 정보·경험 공유(기업 홈페이지·앱·브랜드별 SNS 계정 활용) 예 세포라의 '뷰티 인사이더', 샤오미의 '미펀', 글로시에의 'Into the Gloss' **제품 연계 고객 경험 서비스 제공형** 제품·서비스를 둘러싼 소비자들의 라이프 스타일 안에서 다양한 교류가 발생 가능한 것을 촉진시키는 채널 제공 예 나이키 런 클럽, 룰루레몬의 '플래그십 스토어' **소비자 전문가 활용형** 마니아 전문가 네트워킹 플랫폼 운영 예 룰루레몬 앰배서더, MS MVP, 레고 앰배서더	**공동창조형** 일반 소비자들이 제품개발에 참여(공동창조를 위한 별도 플랫폼 운영) 예 레고 아이디어, 이케아의 'Co-create IKEA', 마이 스타벅스 아이디어	**미디어형** 기업의 추구 가치, 브랜드 이미지 강화 관련 콘텐츠 공유(페이스북, 유튜브 등 오픈 플랫폼 활용) 예 레드불 미디어하우스, 파타고니아의 '지구를 위한 1%', 코카콜라 저니(Journey)	**커뮤니티 기반 커머스** 특정 테마 관련 일반 커뮤니티 형성 후 커머스 플랫폼으로 진화 예 무신사, 오늘의집, 밀미, 화해, 트레바리
	소비자 주도형	**자발적 팬 커뮤니티** 기업 제품·서비스 사용자들 및 브랜드 팬들이 자발적으로 모여 정보·경험 교류 및 네트워킹, 기업에 자신들의 의견 전달(주로 SNS 기반 카페, 페이스북, 인스타그램 등 오픈 플랫폼 활용) 예 애플의 '아이모어', 이케아의 '이케아 해커스', BMW의 '아이러브미니', 레고의 'Bricklink' **특정 테마(취향, 산업 등) 관련 오픈 커뮤니티** 특정 테마로 묶이는 다양한 브랜드·제품·서비스 관련 리뷰, 정보 교류 및 상호 네트워킹 활동(특정 테마 중심의 SNS 카페&유튜브 채널 등) 예 익스트림 무비, 뽐뿌, 디시인사이드, 더쿠, 82Cook	**기업 인증 공식 팬 커뮤니티** 자발적 팬 커뮤니티에 기업이 인증·후원 예 테슬라의 'TOC', 할리 데이비슨의 'HOG'		

피부 고민이나 메이크업 방법 등 유사한 관심사를 가진 사용자끼리 실시간으로 소통하며 정보를 공유한다.

두 번째는 '제품 연계 고객 경험 서비스 제공형' 커뮤니티다. '나이키 런 클럽'이 커뮤니티 기능이 탑재된 플랫폼에서 소비자들에게 다양한 제품을 경험하고 게임을 하듯 챌린지를 즐길 수 있게 하거나, 스포티파이와 협력해 선곡된 음악을 제공하는 것이 대표적인 사례라 할 수 있다.

세 번째는 '고객 참여감 고취형' 커뮤니티다. 고객들로부터 다양한 혁신 아이디어들을 도출하기 위해 운영하는 기업 주도형 커뮤니티다. 골수팬들에게 다양한 장난감 아이디어를 내도록 경쟁시키는 '레고 아이디어LEGO IDEAS'와 서비스 업그레이드를 위해 고객들로부터 다양한 아이디어를 받는 '마이 스타벅스 아이디어My Starbucks Ideas' 등이 대표적이다.

마지막으로 '소비자 전문가 활용형' 커뮤니티다. 소비자 중 자사 제품에 깊은 지식을 갖고 있는 인플루언서를 핵심 멤버로 만들어 그들의 정보를 다른 소비자가 활용하도록 하거나, 그들로부터 나온 아이디어를 제품에 반영하는 것을 목적으로 한다. 대표적으로 룰루레몬이 일반인 롤모델을 선정해 운영하는 '룰루레몬 앰배서더'를 들 수 있다. 룰루레몬은 이들의 아이디어를 취합·선정하는 과정을 거쳐 제품 및 서비스 업그레이드에 활용하곤 한다.

커뮤니티는 이 4가지 유형 외에도 기업의 목적에 따라 다양한 형태로 운영된다. 한 예로 기업의 비전 전달과 핵심 아이덴티티 구축을 목표로 운영되는 '미디어형 커뮤니티'가 있다. 에너지레드불은 '레드불 미디어하우스'를 통해 익스트림 스포츠와 관련한 콘텐츠를 생산해 그들의 브랜드 가치를 널리 알렸다.

그밖에 커뮤니티 자체를 비즈니스 핵심가치를 창출하는 채널로 이용하는 경우도 있다. 커뮤니티 자체를 활성화한 후, 여기에서 만들어진 가치를 바탕으로 사업 내용 및 수익 모델을 공고하게 구축하는 것이다. 신발 덕후 한 명이 만든 커뮤니티로 시작한 무신사와 자기집을 꾸민 사진을 올리는 커뮤니티로 유명한 오늘의집이 이런 커뮤니티 기반 커머스라 할 수 있다.

위에 언급된 커뮤니티들이 기업과 브랜드 주도형이라면, 소비자들이 자발적으로 만들어 운영하는 소비자 주도형 커뮤니티도 있다. 애플의 팬들이 자발적으로 모여 신제품 정보를 기사처럼 만들어 공유하고, 애플의 제품들을 더 효과적으로 이용하는 방법에 대해 토론하는 '아이모어iMore'가 대표적이다.

기업이 공식적으로 인정해주지만, 팬이 주도적으로 운영하는 커뮤니티도 존재한다. 테슬라의 오너들을 중심으로 세계 각지에서 지역별로 운영되고 있는 'TOC Tesla Owner Club', 특정 취향 혹은 특정한 산업 분야에 꽂힌 사람들이 자발적으로 만든 '디시인사이드'와 '뽐뿌'가 이에 해당한다.

이제 모든 기업은 자신들의 목표에 맞춰서 커뮤니티를 만들고 키워나가야 한다. 그렇다면 왜 커뮤니티에 관심을 가져야 할까? 이제 소위 잘되는 기업들의 여러 사례를 통해 그 이유를 알아보고, 성공적인 커뮤니티 형성을 위한 구체적인 방법론을 하나씩 알아보자.

비즈니스 관점에서 본
커뮤니티의 4가지 유형

커뮤니티 Community 는 '공동체' 혹은 '공공정신, 공동체 정신'을 의미하는 라틴어 'Communitas'에 그 어원을 두고 있다. 현대의 비즈니스 관점에서는 비슷한 공간과 지역을 공유하는 사회조직체나 공통의 특정 관심사나 취향을 공유하는 심리적 결합성을 가진 집단을 의미한다. 비즈니스 관점에서 이런 커뮤니티의 유형은 크게 4가지로 나눠 생각할 수 있다.

첫 번째는 산업 기반 커뮤니티다. 가입자들의 공통적인 관심사와 취향에 기반한 제품 및 서비스를 중심으로 구성되는 커뮤니티인데, 대표적인 사례로 자전거를 좋아하는 사람들이 모인 '도싸 DOSSA'를 들 수 있다. 이런 커뮤니티들은 해당 제품 및 산업 카테고리의 다양한 브랜드 정보가 모여 있는 플랫폼이라 할 수 있는데, 최근 소비자들은 구매 결정을 할 때 기업이 제공하는 제품 정보뿐 아니라 이런 커뮤니티를 통해 더 세밀한 정보를 얻으려는 경향이 높기 때문에 그 중요성이 갈수록 커지고 있다.

두 번째는 취향 기반 커뮤니티다. 가입자들이 좋아하는 활동들을 기반으로 하는 커뮤니티로, 영화 마니아 커뮤니티 '익스트림 무비 Extreme Movie', 국내 최대 독서 커뮤니티 '트레바리 Trevari'가 대표적이다. 최근 들어 기업들은 MZ세대를 주요 타깃으로 삼아 이들을 제대로 이해하기 위해 취향 기반 커뮤니티에 깊은 관심을 보이고 있다. 대학내일연구소가 2021년 5월에 발표한 조사 결과에 따르면, MZ세대의 70퍼센트 이상이 온라인 커뮤니티에 가입해 있으며 44퍼센트가 매일 이용하고 있다고 한다. 이제 MZ세대를 이해하려면 그들이 어떤 커뮤니티에 가입해 어떤 콘텐츠를 즐기는지 직접 체험하는 노력을 기울여야 한다.

세 번째는 특정 브랜드 팬들이 모인 브랜드 애드버킷**Brand Advocate** 커뮤니티다. 애플, 테슬라, 포르쉐, 이케아 등 충성도 높은 팬 집단을 가진 기업과 관련한 커뮤니티를 뜻한다. 이곳에는 특정 브랜드에 대한 긍정적인 경험과 깊이 있는 지식을 가진 충성도 높은 소비자와 그들로부터 사용 정보와 간접 경험을 얻고자 하는 사람들이 모여 있다.

네 번째는 지역 기반 커뮤니티다. 지역을 중심으로 연결고리를 형성하고, 지역과 관련한 정보를 공유하는 커뮤니티라 할 수 있다. 과거에는 '맘카페' 같은 지역 단위 커뮤니티를 뜻했다면, 최근에는 모바일 앱을 기반으로 특정 지역 사람들에게 다양한 커뮤니티 활동을 이끌어내는 서비스를 의미한다. '당근마켓'이 대표적이다. 지역에서 모임을 만들거나 찾도록 도와주는 '소모임', 도심 속에서 정서적 고립을 겪는 1인 가구들을 위한 '우트' 같은 커뮤니티 플랫폼 서비스도 이에 속한다. 이러한 지역 기반 커뮤니티는 온라인뿐 아니라 오프라인에서도 사람들이 모일 수 있도록 장려한다는 점에서, 보다 다양한 형태의 O2O**Online to Offline** 플랫폼 서비스들이 늘어날 전망이다.

Chapter 1

잘나가는 회사들이
커뮤니티에
집중하는 이유

데이터가
핵심 경쟁력이
되는 시대

**초개인화 마케팅의 시대, 기업은 어떻게
고객의 데이터를 확보할 수 있을까?**

　애플은 2021년 4월에 배포한 모바일 운영체제 iOS 14.5 버전부터 '앱 추적 투명성App Tracking Transparency'(이하 ATT) 기능을 추가했다. 페이스북이나 인스타그램 같은 모바일 앱이 사용자의 데이터를 추적하려고 할 때 미리 동의를 구하도록 하는 개인정보 보호정책이다. 이 정책이 시행되기 전에는 사용자가 데이터 추적 옵션을 직접 찾아서 수집을 거절하는 '옵트 아웃Opt-Out' 방식이었다면, 이제는 사용자에게 사전에 데이터 추적 동의를 받는 '옵트 인Opt-In' 방식으로 변경된 것이다.

　옵트 인 방식이 적용된 후 페이스북과 인스타그램 사용자들은 당연히 자신의 정보를 사용할 수 없도록 앱 추적 금지를 선택하는 경우가 많아졌다. 실제로 모바일 앱 분석업체인 플러리^{Flurry}의 보고서에 따르면, 애플이 ATT 기능을 도입한 이후 미국 아이폰 사용자의 96퍼센트가 개인정보 추적 금지 옵션을 선택했다고 한다(2021년 4~5월 데이터 기준).

개인정보 보호정책과 커뮤니티의 관계

애플의 정책 변화는 고객의 데이터를 확보해 기업들의 광고를 대행해온 페이스북이나 인스타그램에 치명적인 악재가 되고 있다. 실제로 2021년 9월 페이스북이 광고주들을 대상으로 한 성과 보고에 따르면, 애플의 개인정보 보호정책 변경 후 아이폰 사용자 대상의 광고 성과는 2021년 3분기 기준으로 15퍼센트가량 떨어졌다고 한다.

더 큰 문제는 개인정보 보호 강화 흐름이 비단 스마트폰에서만 이루어지는 것이 아니라는 점이다. 구글의 웹브라우저 크롬^{Chrome}은 2023년 말부터 개인정보 보호를 위해 '제3자 쿠키^{the 3rd Party Cookie}' 수집을 금지하기로 했다. 크롬을 통한 제3자의 개인 데이터 수집이 중단되면 그동안 무분별하게 사용자들의 쿠키를 수집해 개인 맞춤형 광고를 띄워온 온라인 광고사들은 직격탄을 맞을 것이다.

그렇다면 거대 플랫폼 기업들의 개인정보 보호 강화 움직임은 커뮤니티와 어떤 관계가 있을까? 초개인화 마케팅의 시대, 외부 플랫폼에서 확보한 고객 데이터로 맞춤형 마케팅을 하는 기업들은 대안 마련에 분주하다. 기업들은 다양한 방식으로 글로벌 플랫폼 기업들의 개인정보 보호정책에 대응하고 있다.

우선 고객들의 데이터를 직접 확보할 수 있는 방향으로 전략을 펼쳐 나가고 있다. 특히 자사 웹사이트와 같은 온라인 플랫폼에 고객들이 방문해 자발적으로 데이터를 남길 수 있는 여건을 조성하기 위해 노력하고 있다. 이와 관련해 기업들이 가장 많이 사용하는 방식 중 하나는 소비자들이 활동하는 디지털 세상에 커뮤니티 플랫폼을 만들어 자연스럽게 데이터를 남기도록 하는 것이다.

대부분의 고객은 특정 브랜드가 만든 온라인 플랫폼을 정기적으로 방문하지 않는다. 해당 브랜드의 물건을 구매할 때만 찾는 경우가 많은데, 그런 정도의 방문으로 확보된 데이터는 의미 있는 마케팅 자료가 되지 못한다. 고객들이 구매 상황이 아니더라도 플랫폼을 주기적으로 찾아 의미 있는 데이터를 남기도록 커뮤니티적인 가치를 높이는 데 사활을 걸어야 한다.

이러한 비즈니스 환경에서 탁월한 성과를 보인 기업이 있다. 자사의 플랫폼으로 커뮤니티적인 가치를 극대화해 고객의 데이터를 확보하고 이를 서비스 판매로 연결시킨《뉴욕타임스》다.

데이터로 멸종 위기에서 벗어난 뉴욕타임스

1851년에 창간한 《뉴욕타임스The New York Times》는 종이 신문의 멸종을 논하는 이 시기에 혁신적인 유니콘 기업으로 평가받고 있다. 《뉴욕타임스》는 2025년까지 1000만 명의 구독자를 확보하겠다는 목표에 차근차근 다가가고 있는데, 이미 디지털 구독자 수는 2014년부터 2021년 3분기까지 꾸준히 늘어 580만 명에 이른다. 뿐만 아니라 수많은 벤처캐피털 자금을 흡수하고 있다.

《뉴욕타임스》도 디지털 시대에 전통적인 신문사가 겪는 위기에 직면했었다. 2008년에는 세계 금융 위기와 종이 신문 구독자의 격감이 겹쳐 본사 건물의 일부를 매각해야 할 정도의 위기를 맞았다. 이렇게 추락하던 《뉴욕타임스》를 살린 건 30대 후반의 발행인 아서 그레그 설즈버거Arthur Gregg Sulzberger 다.

지난 10년간 《뉴욕타임스》는 설즈버거의 리더십 아래 디지털 혁신을 이뤄냈다. 지금도 구독경제에 최적화된 서비스를 내놓기 위해 끊임없이 노력하고 있는데, 특히 충성도 높은 디지털 유료 구독자 수를 늘리는 것을 핵심 목표로 설정하고 다양한 전략을 수행 중이다. 이를 위해 기사 콘텐츠에 광고를 붙이는 단순한 방식에서 탈피해 웹사이트와 앱 등을 통해 다양한 서비스를 제공하고 있는데 대표적인 것이 십자말풀이Crossword 서비스다.

미국 영화나 드라마를 보면, 커피숍에서 신문을 펼쳐놓고 한가롭게 십자말풀이를 하는 모습이 종종 나온다. 미국인들에게 대표적인 실내 오락인 십자말풀이를 디지털 세상으로 옮겨놓기만 해도 손쉽게 유료 구독자를 확보할 수 있고, 이들의 데이터를 확보해 새로운 비즈니스 수익까지 창출할 수 있다고 판단한 것이다.

2016년《뉴욕타임스》는 기존의 십자말풀이를 디지털로 전환해 일정 구독료를 지불하고 무제한으로 즐기는 디지털 구독 서비스를 출시했다. 매일 다양한 십자말풀이를 즐길 수 있는 이 서비스는 과거에 출제된 십자말풀이 퍼즐도 다시 즐길 수 있고, 다양한 테마의 퍼즐들을 모아둔 테마 꾸러미 옵션을 사용자의 취향에 따라 선택해서 즐길 수 있다.

흥미로운 사실은 이런 십자말풀이에 '커뮤니티적인 가치를 부여해서 사람들이 모이게 했다는 점이다. 예를 들어 플레이어들에게 서로 겨루는 재미를 주기 위해 풀이에 걸린 시간을 보여주거나, 친구들과 함께 경쟁한 후 결과를 공유할 수 있도록 했다. 여유시간이 많은 사람들을 위해서는 긴 버전의 퍼즐을, 시간이 없는 사람들에게는 짧은 시간 동안 재미를 얻을 수 있도록 미니 버전의 퍼즐을 제공한다. 즉 십자말풀이를 즐기며 때로는 경쟁하는 커뮤니티적인 활동을 강화한 것이다.

이 십자말풀이와 함께《뉴욕타임스》를 부활시킨 것은 '뉴욕타임스 쿠킹'으로 앱과 웹에서 요리 레시피와 음식에 관한 글을 제공한다. 그동안《뉴욕타임스》가 소개한 2만여 개의 요리 레시피는 물론 요리

출처 : https://www.nytimes.com

《뉴욕타임스》를 부활시킨 십자말풀이 앱과 쿠킹 앱.

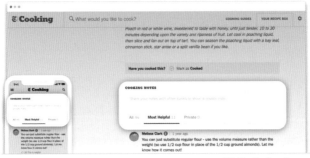

출처 : https://cooking.nytimes.com

《뉴욕타임스》 쿠킹 앱은 참여자들이 자발적으로 정보를 공유할 수 있는 'Notes' 서비스
를 제공한다.

전문 에디터들이 큐레이션해서 제공해주는 최신 정보를 볼 수도 있다. 구독자는 필요한 레시피를 '레시피 박스Recipe Box'에 저장해두었다가 요리할 때 편리하게 이용할 수 있으며, 별도로 제공되는 요리 팁들도 요긴하게 사용할 수 있다.

언뜻 보면 새로울 게 없는 것 같지만《뉴욕타임스》쿠킹 앱은 구독자가 자주 방문하고 오래 머물도록 커뮤니티적인 가치를 부여했다. 앱을 통해서 자신만의 요리 비법을 다른 사람들과 공유할 수 있도록 한 것이다. 좋은 정보를 얻는 것을 넘어 요리를 좋아하는 사람들이 모여 서로 교류하면서 요리와 관련한 이야기를 즐겁게 나눌 수 있는 종합 커뮤니티 플랫폼을 만들려고 노력했다.

이 커뮤니티 안에는 참여자들이 자발적으로 공유하는 '노트Notes'라는 댓글 코멘트 서비스가 있다. 여기에는 2019년 4월 기준으로 25만 건 이상의 댓글이 달렸다. 참여자들은 이 서비스를 통해 요리 레시피에 대해 부가적인 정보를 덧붙이거나, 해당 레시피로 요리한 후의 실패담과 조언 등을 남긴다.

푸드 에디터 샘 시프튼Sam Sifton은 인터뷰에서 레시피에 달린 코멘트들을 댓글이 아닌 '노트'라고 명명한 이유에 대해 이렇게 말한다. "사용자들이 남긴 글을 댓글이라고 부른다면 뉴욕타임스의 레시피에 개인적인 호불호 의견 정도만 남기겠지만, 노트라고 하면 각자의 방식으로 해당 레시피를 업데이트하거나 장단점에 대해 논의할 것이다. 그렇게 남긴 정보 자체도 레시피화할 수 있다는 생각에 의도적으로 명칭을 정했다."

커뮤니티를 활성화하는 이러한 기능들을 통해 쿠킹 서비스 사용자들은 자신의 생각을 데이터 형태로 남기기 시작했고, 《뉴욕타임스》의 디지털 서비스는 더욱더 커뮤터니적인 가치를 높이면서 폭발적인 반응을 이끌어냈다. 2020년 2월 《뉴욕타임스》에 따르면, 십자말풀이와 쿠킹 서비스를 정기구독하는 사람만 100만 명을 넘어섰고, 이들 중 많은 사람이 전체 구독자로 전환되었다고 한다. 십자말풀이나 쿠킹 서비스를 통해 눈길을 끄는 데 성공하고, 이들이 가벼운 마음으로 《뉴욕타임스》에 들어와 몇몇 기사를 읽기 시작했다면, 다음으로 이들을 충성도 높은 구독자로 만들기 위한 작업을 해야 한다. 이를 위해 《뉴욕타임스》가 가장 노력한 것이 다양한 형태의 뉴스 큐레이션을 레터 형식으로 제공하는 것이었다. 《뉴욕타임스》는 2022년 2월 11일 기준, 독립적인 이메일을 기반으로 간단한 콘텐츠를 정리해 송부해주는 뉴스레터를 무려 80개나 제공하고 있다.

이 뉴스레터 중 몇 가지는 무료로 이용할 수 있다. 예를 들어 그날의 핵심적인 뉴스를 이메일로 받아보고 싶다면 이메일 주소를 등록한 후 '더 모닝The Morning' 서비스를 구독하면 된다. 그 외에도 다양한 콘텐츠를 구독할 수 있는데, 이런 서비스를 경험한 독자들은 전문 콘텐츠에도 관심을 가질 확률이 높다. 세계적인 경제학자 폴 크루그먼 Paul Krugman이 일주일에 두 번 전해주는 미국 정치와 경제에 관한 소식을 받아볼 수 있으며, '웰Well'이라는 서비스를 통해 매주 한 번씩 건강과 운동에 관련된 정보를 얻을 수도 있다.

구독자들은 총 80개가 넘는 뉴스레터를 클릭 한 번으로 받아볼 수 있는데, 《뉴욕타임스》는 이 과정에서 자연스럽게 구독자들의 관심 분야를 데이터베이스화할 수 있게 되었다. 이제 그들은 자신들이 공들여 구축한 커뮤니티 기반의 서비스를 뉴스레터와 자연스럽게 연결해 더 깊이 있는 수준의 개인화된 경험을 제공하기 위해 노력하고 있다. 과거의 《뉴욕타임스》가 복잡한 설문조사 방식으로 개인의 성향 데이터를 파악했다면, 이제는 뉴스레터 서비스를 통해 고객들의 자발적인 행동 기반의 데이터를 확보할 수 있게 된 것이다.

2021년 11월 《뉴욕타임스》의 CEO 메러디스 코핏 레비엔Meredith Kopit Levien은 정기 컨퍼런스콜에서 최고의 3분기 성과를 이루어냈다고 발표했다. 그리고 그들의 성장 원동력 중 하나가 550만 명이 구독하고 있는 무료 뉴스레터인 '더 모닝'이라고 언급했다. 이를 통해 무료 구독자들도 기사의 가치를 깨닫게 되면서 자연스럽게 유료 구독 서비스로 전환하게 되었다는 것이다.

이제 《뉴욕타임스》의 수익은 대부분 광고 수익이 아니라 충성 고객들의 구독료라고 할 수 있다. 고무적인 사실은 유료 구독자가 계속해서 늘고 있다는 점이다. 2021년 5월 《뉴욕타임스》에 따르면, 유료 구독자는 780만 명을 넘어섰으며 그중 690만 명 이상이 디지털로만 구독하거나 십자말풀이나 쿠킹 서비스를 구독한다고 알려졌다.

《뉴욕타임스》의 이러한 변화상에서 디지털 시대를 맞아 기존의 신문들이 나아가야 할 방향을 알 수 있다. 신문사의 역할은 좋은 기사를 제공하는 것이라는 전통적인 가치는 크게 변하지 않을 것이다. 하지만 그 가치를 전달하는 방법은 달라져야 한다.《뉴욕타임스》는 다양한 디지털 플랫폼을 통해 사람들을 모으고 커뮤니티 활동을 하게 만들었고, 고객들의 개인화된 관심사에 부합하기 위해 기사를 세분화해 뉴스레터 형태로 전달하는 방식으로 화려하게 부활할 수 있었다. 대중을 상대로 한 언론매체라면 지금부터 본연의 의무 외에 기사의 가치를 알아주는 고객들이 모일 수 있는 커뮤니티 플랫폼을 만들어 효율적으로 운영함으로써 가치를 증대시키는 것이 중요하다고 하겠다.

SNS 서비스에 진심인 토스

디지털 기반의 종합 금융 플랫폼을 지향하는 토스^{toss}는 최근 젊은 디지털 네이티브들을 대상으로 소비 기반 SNS 서비스인 '쓲쓲이'를 선보였다. 인스타그램에 자신이 구매한 물건들을 인증하듯, 토스 사용자가 자신의 구매 내역 정보를 불특정 다수 혹은 지인들과 공유하고 '좋아요', '댓글' 기능 등을 통해 소통할 수 있도록 하는 커뮤니티다.

토스는 쓲쓲이 서비스에 MZ세대가 좋아하는 브랜드 라운지를 별도로 마련해 개인의 소비 패턴뿐 아니라, 자신이 좋아하는 브랜드에 대해서도 적극적으로 대화할 수 있도록 했다. 젊은 디지털 네이티브들이 애용하는 배달의민족, 무신사 같은 브랜드 공간에서는 자신의 결제 내용을 보여주고 각자의 소비 정보를 나눈다. 이는 MZ세대를 상징하는 플렉스Flex 문화를 브랜드별로 즐기게 하는 데 목적이 있다. '플렉스 알리미' 기능을 통해 한 주 동안 가장 많은 돈을 지출한 사람의 소비 내용도 받아볼 수 있다.

이외에도 토스는 자신들의 금융 서비스에 흥미로운 커뮤니티적 가치를 부여해 사용자들이 활발하게 자신의 소비 정보를 남기도록 유도하고 있다. 일례로 무료 가계부 기능도 제공하고 있는데, 토스가 제공하는 가계부를 사용할 경우 사용자가 토스 계좌에 자신의 카드를 등록해두면 소비 내역이 시간대별로 자동으로 기록되어 지출과 소비 패턴을 분석한 결과를 받아볼 수 있다. 물론 여기까지는 다른 금융기관에서 제공하는 가계부 기능과 동일하다. 흥미로운 점은 토스의 가계부는 이용자들의 소비 유형과 패턴을 분석해 '소비 타이틀'을 제공한다는 것이다. 다양하고 재미있는 소비 타이틀을 통해 사용자들은 자신의 소비 성향을 알 수 있다. 매달 '교통 및 자동차' 부문에 많은 돈을 쓴 사람에게는 '역마살이 단단히 낀 자' 타이틀이, '카페 및 간식' 부문의 지출이 많았던 사람에게는 '카페인과 밀가루의 노예'라는 재미있는 타이틀이 부여된다.

여기서 더 나아가 각 타이틀별로 소비를 많이 할수록 레벨과 랭킹

이 높아진다. 예를 들어 넷플릭스 같은 OTT 서비스에 많은 지출을 한 사람은 '혼자 놀아도 안 심심한 사람'이라는 타이틀을 갖게 되고, 지출 금액에 따라 이 분야의 레벨이 정해지면서 다른 사용자와 비교해볼 수 있다. 이 소비 타이틀 리스트는 '친구에게 자랑하기'를 터치하면 메신저와 소셜미디어 등 다양한 방식으로 공유할 수 있다. 이러한 일련의 과정은 커뮤니티적인 기능을 강화한다.

과거 금융권에서 지출 관리 내역을 개인별 맞춤 정보 형태로 프라이빗하게 전달하는 데 중점을 두었다면, 토스는 쏨쏨이와 소비 타이틀을 부여하는 가계부 기능을 통해 자신의 소비 내역을 타인과 소통하는 커뮤니티적인 가치를 강화했다. 토스의 이러한 차별화된 시도는 MZ세대가 자신의 소소한 라이프스타일을 타인과 공유하기를 좋아하고, 비슷한 형태의 소비 취향을 지닌 사람들과 모여서 이야기하기를 좋아한다는 점에 착안한 것이다. 결국 토스가 지향하는 바는 젊은 고객들로부터 다양한 데이터를 확보해서 이를 바탕으로 보다 확장된 금융 서비스 플랫폼으로 성장하려는 것이다.

인도의 대표 은행 SBI State Bank of India 는 'YONO'라는 온라인 플랫폼을 구축해서 단순 금융 거래 외에 여행이나 교육 같은 금융 거래 빈도가 높은 14개의 라이프스타일 카테고리의 상거래를 입점시키면서 생활금융 플랫폼 기업으로 탈바꿈했다. 국내에서도 다양한 기업들이 단순한 금융 데이터를 넘어 라이프스타일에 기반한 고객 데이터를 확보하려는 시도를 하고 있다.

기업들은 이제 스스로 고객 데이터를 확보해야 한다. 그런 점에서 앞으로 커뮤니티 활동은 더욱 중요해질 것이다. 과거처럼 인구 통계학적인 변수로 고객들을 세분화해 프로파일을 만드는 것은 큰 의미가 없다. 고객들의 취향은 보다 더 세분화되고 있고, 그들이 원하는 니즈는 점점 더 복잡해지고 있다. 심지어 고객 스스로 자신이 원하는 바가 무엇인지 구체적으로 규정하기 어려울 정도다. 그들도 때로는 자신과 생각이 비슷한 사람들과 소통하면서 스스로의 니즈를 구체화하기도 한다.

애플과 구글 등 거대 플랫폼 기업들이 앱 추적 투명성 정책을 강화할수록 고객 데이터 수집은 더욱 힘들어질 것이다. 이제 기업은 그들의 잠재고객들을 사로잡을 수 있는 커뮤니티를 설계하고 고객들이 그 안에서 만들어내는 데이터를 확보하고 추출하는 데 집중해야 한다.

앞서 소개한 《뉴욕타임스》와 같은 언론사부터 토스와 같은 금융기업까지 수많은 기업이 고객의 라이프스타일 데이터를 확보하기 위해 다양한 시도를 할 것이다. 더 나아가 이런 데이터를 꾸준히 구축할 수 있는 커뮤니티 기능을 강화한 디지털 플랫폼을 지속적으로 만들어갈 전망이다.

브랜드 경험을
공유하는
찐팬 만들기

우리의 찐팬은 누구이며, 어디에 있는가?
기업은 스스로에게 질문을 던져야 한다.

　국내 배달시장은 약 20조 원(2021년 기준) 규모로 급성장하고 있다. 배달업계 부동의 1위인 배달의민족에는 '배민을 짱 좋아하는 이들의 모임'이란 뜻의 '배짱이'라는 팬클럽이 있다. 2016년에 만들어진 배짱이는 배달의민족을 좋아하는 핵심 팬슈머를 만들어나가는 데 기여하고 있다.

　배짱이가 되려면 우선 '배짱이 입학시험'이라는 팬심을 증명하는 재미있는 테스트를 통과해야 한다. 이 모든 과정은 배짱이 선배 기수인 소비자들과 함께 진행된다. 여러 절차를 통과해서 배짱이가 된 이들은 다채로운 행사를 통해 찐팬으로 거듭난다. 배짱이로 공식 인증된 사람들은 우선 팬클럽 입학식에 참석할 수 있는 기회를 얻는다.

이 입학식은 앞 기수의 배짱이들과 배달의민족 핵심 관계자들이 함께하는 일종의 오리엔테이션으로, 신입 회원들은 입학 선물로 브랜드 굿즈를 받는다. 입학식을 마친 배짱이들은 배달의민족의 '아주 특별한 존재'가 된다.

소비자를 팬으로 만드는 배달의민족

대개의 기업은 팬클럽을 제품 판매를 위해 관리해야 하는 핵심 소비자 집단으로 본다. 하지만 배달의민족은 소비자를 '함께 놀고 즐기는 대상'으로 보고 즐거운 시간을 만들어갈 기회를 끊임없이 제공한다. '배짱이의 밤'이라는 파티도 열고, 봄이면 소풍도 간다. 2017년 봄 소풍에는 김봉진 의장이 직접 김밥을 싸줄 정도로 배짱이들과 격식 없이 어울린 것으로 유명하다. 이런 공식적인 행사 외에도 함께 영화를 본다거나 번개 미팅을 갖는 등 다양한 커뮤니티 활동을 끊임없이 이어간다.

이를 위해 배달의민족이 들이는 노력은 대단하다. 김봉진 의장을 비롯한 주요 이사진들은 솔선수범해서 배짱이 모임에 참석하고, 공식 행사 역시 즐겁게 보낼 수 있도록 치밀하게 기획한다. 행사를 기념하는 선물에도 특별한 공을 들인다. 2018년 입학식의 하이라이트 '도전! 배민 골든벨' 게임에서는 우승팀에게 민트색 배민라이더스 헬

066

출처 : https://spring.baemin.com

음식을 주제로 한 짧은 시 공모전 '배민신춘문예'는 배달의민족의 대표적인 브랜딩 캠페인이다.

멧을 주었다. 커뮤니티에서 이루어지는 이러한 다양한 활동을 통해 팬들은 마치 자신이 배달의민족의 주요 구성원이 된 듯한 소속감을 느끼게 되고, 자연스럽게 배달의민족의 '팬슈머Fansumer'가 되어간다.

　팬슈머가 된 소비자는 누가 시키지 않아도 스스로 배달의민족을 위해 다채로운 활동을 수행한다. 배달의민족의 핵심 캠페인인 '배민신춘문예'에 적극적으로 아이디어를 제시하고, '배민문방구'에서 굿즈를 제작할 때 기획 단계부터 참신한 아이디어로 다양한 제안을 한다. 배민문방구가 선보인 여행용 캐리어에 '짐캐리', 지우개에 '흑역사 지우개'라는 이름을 붙여준 것도 배짱이다.

　이런 활동을 통해 핵심 배짱이들과 배민은 서비스 제공자와 이용자의 관계를 뛰어넘는다. 신사옥 이전 날, 몇몇 배짱이는 자발적으로 인간 화환이 되어 찾아가는 깜짝 이벤트를 준비하기도 했다. 이들은 스승의 은혜를 개사해 '배민의 은혜'라는 곡을 만들어 부르는 한편, 전국 각지의 코인 노래방에서 해당 곡을 녹음해서 배달의민족에 선물했다.

물론 한두 번의 흥미로운 캠페인만으로 소비자를 찐팬으로 만들기는 어렵다. 소비자들이 스스로 모일 수 있는 '거리'를 끊임없이 만들어 소통할 수 있는 커뮤니티가 존재해야만 한다. 몇 년 전부터 배달의민족은 오프라인의 핵심 팬들을 대상으로 해온 배짱이 서비스를 온라인 영역으로 확대하는 플랫폼화 작업을 해왔다.

한 예로 2020년 배짱이 팬클럽 운영 4년차에 '주간 배짱이'라는 온라인 뉴스레터 서비스를 론칭했다. 나날이 늘어나는 팬들에게 친밀감을 주기 위한 시도로, 배달의민족 팬들이 좋아할 만한 이야기를 담아 매주 목요일 아침에 발송한다. '배민 B하인드' 코너에서는 자사의 활동 소식을 깊이 있게 전달하고, '신제품 연구소'에서는 힙한 신제품을 먼저 먹어보고 리뷰해준다. 이외에도 '요즘 사는 맛'에서는 매달 새로운 작가를 섭외해 음식 에세이를 연재하고 있다. '배민 B하인드'가 충성도 높은 고객들을 위한 코너라면, 이 코너는 새로운 구독자를 유인하기 위한 코너라 할 수 있다.

중요한 것은 이곳에서 배달의민족 이야기만 하는 것이 아니라, 자사의 팬들과 교류하려는 시도를 적극적으로 하고 있다는 점이다. 주간 배짱이는 서비스에 대한 정보가 담긴 광고 콘텐츠가 아니라, 다수의 배짱이들이 듣고 싶어 하는 진솔한 브랜드 이야기를 전달하면서 동시에 그들의 목소리를 반영하기 위해 노력하는 '확장형 팬덤 커뮤니티'라 할 수 있다.

그렇다면 왜 기술 집약적인 딜리버리 플랫폼인 배달의민족이 커뮤니티를 통한 팬덤 형성을 핵심가치로 삼았을까? 그 해답은 시장조사 사업체 오픈서베이Opensurvey에서 2019년에 발표한 〈배달 서비스 트렌드 리포트〉에서 찾을 수 있다. 이 보고서에 따르면 50대에서 20대로 연령이 낮아질수록 메뉴나 음식점을 정한 다음 배달 앱에 접속하기보다는, 배달 앱에 접속한 후 메뉴와 음식점을 결정하는 경향이 아주 높게 나왔다. 즉 2030세대에게 배달 앱을 통한 주문은 단순한 배달 서비스를 넘어, 해당 앱의 생태계에서 음식에 대한 다양한 정보를 얻은 후 가족이나 친구들과 의사결정을 통해 주문하는 다양한 활동임을 알 수 있다. 이제 배달 앱은 '괜찮은 식당을 많이 확보해서 빠르게 배달해주는' 기능적 만족에 집중하는 고객 경험만으로는 충성도 높은 팬을 만들어낼 수 없다는 뜻이다. 그래서 배달의민족은 가파르게 성장하는 시점부터 젊은 고객들에게 다양한 브랜드 경험을 제공하고 그들을 단순 소비자에서 팬으로 만들려는 다양한 커뮤니티 활동을 해왔다.

사실 기능적인 브랜드 경험으로는 요기요, 쿠팡이츠와 차별화 포인트를 만들기 어렵다. 하지만 특정 타깃 소비자들이 '배달'을 떠올렸을 때 가장 기분 좋은 느낌을 주는 플랫폼으로 각인된다면 확실히 차별화된 경쟁력을 가졌다고 볼 수 있다. '배짱이'라는 소수의 사람들이 모인 오프라인 커뮤니티부터 시작해 지금의 '주간 배짱이'에 이르기까지, 배달의민족이야말로 어떠한 커뮤니티를 형성해서 그들에게 차별화 포인트를 제공하는 팬덤을 만들 수 있는지를 정석처럼 보여준 브랜드라 하겠다.

아웃도어 마니아, 아이스박스 홍보대사가 되다

예티YETI는 아이스박스계의 샤넬 혹은 롤스로이스로 통하는 브랜드다. 낚시와 사냥 등 아웃도어 마니아였던 라이언 세이더스Ryan Seiders와 그의 동생 로이Roy는 캠핑에서 사용할 적당한 아이스박스가 없는 것에 불만을 갖다가 대학 졸업 후인 2006년에 예티를 창업했다.

최근 전 세계에 불어닥친 아웃도어 열풍으로 집집마다 하나씩 갖고 있는 물품이 아이스박스다. 아웃도어형 하드케이스 아이스박스의 가격은 대개 2만~3만 원 정도다. 그런데 예티의 아이스박스는 무려 300달러에 달한다. 그럼에도 불구하고 불티나게 팔린다. 도대체 소형 냉장고보다 비싼 아이스박스를 취급하는 예티의 성공 비결은 무엇일까?

'야외에서 더욱 강력하게, 얼음은 더욱 오래가게'라는 슬로건에서 유추할 수 있듯이, 예티는 아주 튼튼하고 보냉력이 극도로 뛰어난 아

영향력 있는 아웃도어 가이드와 지역 어부들을 앰배서더로 선택한 예티의 마케팅.

이스박스를 만든다. 카약에 사용되는 강한 산업용 플라스틱으로 본체를 만들고, 절대 저절로 풀리지 않는 T자 형태의 잠금장치를 부착해 내구성을 극대화했다. 단열 성능이 탁월한 7센티미터 이상의 폴리우레탄 폼을 사용해, 최대 7~10일이 지나도 얼음이 녹지 않는 강력한 보냉 기능을 자랑한다.

문제는 가격이다. 이렇게 높은 내구성과 보냉력을 지닌 제품을 만드는 비용을 고려한다면 300달러라는 가격이 수긍이 가지만, 경쟁제품의 가격은 대부분 20달러대에 지나지 않는다. 이럴 경우 대개는 품질을 포기하고 가격을 낮추는 전략을 택하게 마련이다. 하지만 예티는 제품력을 타협하는 대신 팬덤에 집중하는 전략을 선택했다.

제품 출시 당시 영향력 있는 아웃도어 가이드와 지역 어부들을 '예티 앰배서더'라는 브랜드 홍보대사로 임명하고, 이들에게 집중하는 마케팅을 펼쳤다. 앰배서더들에게 자사의 강력한 제품력에 대해 교육해 이들이 자연스럽게 예티 제품의 우수성을 소문내도록 한 것이다. 이 전략이 어느 정도 효과를 보자 예티는 사냥과 낚시 분야를 넘어 스노보드, 캠핑, 산악자전거 등 다양한 아웃도어 분야로 예티 앰배서더를 늘려나갔고, 이들을 통해 예티의 제품 스토리를 자연스럽게 입소문 내는 전략을 공고히 했다. 또한 이들의 이야기를 홈페이지와 SNS 채널에 적극적으로 소개했다.

이와 함께 예티는 유통 경로를 월마트가 아닌 아웃도어 전문 매장에 국한했다. 그 결과 '일반인이 아닌 아웃도어 분야의 전문가나 마니아가 사용하는 제품'이라는 이미지를 구축하면서 자사의 제품을 특별한 아이스박스로 포지셔닝하는 데 성공했다.

예티의 전략은 정확히 맞아떨어졌다. 앰배서더를 중심으로 입소문이 나면서 아웃도어 전문 매장을 방문하는 낚시꾼과 산악인 등 전문가들이 예티 제품을 구매하고 예찬하기 시작한 것이다. 어느 순간부터 예티의 아이스박스는 아웃도어를 진정으로 즐기는 사람들이 반드시 소유해야 할 명품으로 인식되기 시작했다. 필요가 아니라 '욕망'을 자극한 예티의 전략은 아웃도어 입문자들에게도 영향을 주기 시작했다. 그들의 아웃도어에 대한 사랑이 커지면 커질수록 예티 제품에 대한 욕망도 커져갔고 종국에는 이러한 욕망이 구매로 이어졌다.

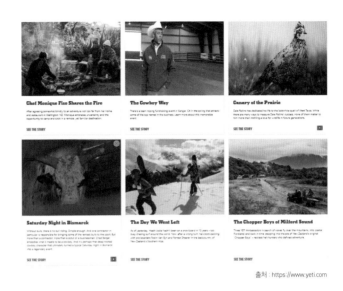

앰배서더들의 이야기를 홈페이지와 SNS 채널에 적극적으로 소개하는 예티.

예티에 따르면 2006년 당시 몇천 명 수준의 마니아들에 국한되었던 브랜드 인지도가 2018년에는 미국 전체 기준 10퍼센트로, 2020년에는 14퍼센트로 높아졌다. 더 고무적인 사실은 2015년에 예티 제품 소유자들의 69퍼센트가 아웃도어 마니아였다면, 2020년에는 이 비율이 32퍼센트로 줄어들었고 대신 여성의 비율이 같은 기간 동안 9퍼센트에서 39퍼센트로 대폭 증가했다는 점이다. 이제 예티는 아웃도어 마니아층을 넘어 일반인으로 구성된 팬덤 형성에도 성공했다. 매출 규모도 큰 폭으로 늘어났다. 2021년을 기준으로 매출액은 14억 달러, 영업이익은 2억 7000달러에 달한다.

또한 예티의 소비자들이 인스타그램에 제품 사용 후기를 올릴 때 사용하는 해시태그인 '#BuiltForTheWild'는 2022년 10월 기준으로 약 34만 건에 이른다. 예티는 팬들이 자발적으로 공유한 스토리를 끊임없이 노출시키면서 '예티 컬트YETI Cult'라 불리는 충성도 높은 팬층을 만들어나가고 있다. 이들을 기반으로 예티는 여전히 냉장고보다 더 비싼 아이스박스를 팔고 있다. 예티의 아이스박스 중 가장 비싼 쿨러의 가격은 자그마치 1300달러에 달한다.

컨슈머가 아니라 팬슈머를 발굴하고 길러내라

기업은 이제 팬덤 확보 차원에서 커뮤니티 활동을 해야 한다. 뚜렷한 취향을 가진 소비자와 그들을 위한 수많은 제품과 서비스가 쏟아져 나오고 있는 시대에 기업이 살아남으려면 자사의 브랜드에 충성심을 가진 팬덤을 확보하는 것이 급선무다.

커뮤니티 활동을 통한 팬덤 확보가 중요한 이유는 수동적인 소비자의 시대가 끝나고 능동적인 소비자 시대가 열렸기 때문이다. BTS의 성공은 그들의 콘텐츠를 끊임없이 소비하고 자체적으로 만들어서 공유하는 아미ARMY라는 팬클럽이 있기에 가능했다. 이제 기업들도 단순히 커뮤니케이션 통로를 확보하는 것을 넘어 다양한 채널을 통해 브랜드에 대한 긍정적인 바이럴을 만들어내는 팬덤을 확보하는 것이 무엇보다 중요해졌다. 예티의 사례에서 알 수 있듯이 충성도 높은 팬덤이 형성되면 기업은 그들의 제품을 가격 저항 없이 팔 수 있는 기회를 만들 수 있다.

물론 팬덤은 저절로 형성되지 않는다. 팬들의 이야기를 성심껏 들어주는 통로이자, 팬들 스스로 콘텐츠를 양산해내고 비슷한 생각을 가진 사람들과 콘텐츠를 쌓아올릴 수 있는 커뮤니티 플랫폼이 필요하다. 그런 이유로 수많은 기업이 강력한 팬덤을 소유한 애플, 테슬라, 스타벅스 같은 브랜드가 어떤 방식으로 브랜드 커뮤니티 플랫폼을 만들고 유지하고 있는지 연구하고 있다.

향후 대부분의 기업이 앞다투어 자신들만의 팬을 만들기 위해 노력할 것이다. 이제 기업은 이런 질문을 스스로에게 던져야 한다. '우리의 찐팬은 누구이며, 어디에 있는가?' 동시에 찐팬들이 활동할 수 있는 커뮤니티 플랫폼을 만드는 것이야말로 브랜드의 생존과 직결된다는 것을 깨달아야 한다. 커뮤니티를 통해서 팬을 만들어야 하는 또 다른 이유는 오늘날은 개방 혁신의 시대이기 때문이다. 즉 커뮤니티에 모여든 다양한 소비자들로부터 혁신 아이디어를 얻어내야만 기업의 가치를 더 확장시킬 수 있다.

혁신 아이디어를 내는
모디슈머의 등장

**어떻게 고객에게 소비자 역할을 넘어선
창작자 역할을 부여할 것인가.**

　디지털 전환의 시대, 수많은 전문가들은 혁신 기업의 주요한 원동력 중 하나로 '개방형 혁신Open Innovation'을 꼽는다. 개방형 혁신은 새로운 개념이 아니다. 2000년대 초반에 등장해 발전한 개념으로, '시장에서 더 큰 기회를 포착하기 위해 내외부 아이디어를 활용해 가치를 창출하거나 내외부 시장 경로를 활용해 전략적으로 움직이는 것'을 의미한다.

　최근 들어 소비자를 단순한 거래의 대상에서 혁신 아이디어를 제공하는 파트너로 바라보는 기업이 늘고 있다. 그리고 커뮤니티를 통해 소비자를 개방형 혁신의 주체로 만들고자 하는 시도도 이어지고 있다.

소비자 주도로 개발된 제품 짜파구리

요즘 셀프 사진관이 인기다. 젊은 디지털 네이티브들 사이에 폭발적인 인기를 끌고 있는 셀프 촬영 스튜디오 포토매틱 Photomatic 은 2018년 서울 신사동 가로수길에 첫 번째 스튜디오를 열었으며 최근 다양한 영역으로 사업을 확장하고 있다.

예전에는 사진관을 찾는 목적이 입사 지원서에 첨부할 사진을 찍거나 '타인'에게 사진을 보여주기 위해서였다면, 이제는 자신의 자연스러운 일상을 찍기 위해 사진관을 방문한다. 어느 순간부터 디지털 네이티브들이 자주 방문하는 핫한 공간 리스트에 '자아성찰', '유어셔터', '서쪽 사진관' 같은 자신만의 개성을 드러낸 셀프 스튜디오를 손쉽게 찾아볼 수 있게 되었다.

이들 사진관에는 전문 사진가는 없지만, 사진을 스스로 찍는 흥미로운 경험을 극대화해주는 다양한 소품들로 가득하다. 친구나 연인 혹은 가족과 함께 사진을 찍을 때 타인의 방해 없이 즐기는 그 경험 자체를 더 중요하게 생각하는 취향을 잘 반영했기에 셀프 스튜디오 시장은 꾸준히 성장하고 있다.

'당신의 순간을 기록합니다'라는 메시지로 젊은 디지털 네이티브들의 감성을 자극하는 '시현하다'는 고객의 숨은 이야기를 들어주고 온전한 나를 찾아주는 사진관을 표명한다. 젊은 디지털 네이티브들이 '시현하다'에 열광하는 이유는 교류와 참여에 있다. 카메라 앞에서 사진을 찍기 전부터 긴 상담 과정을 통해 전문 사진사가 고객이 자신을 어떠한 방식으로 드러내고자 하는지 파악한다. 이 과정에서 개개인의 취향과 개성이 드러나면서 피사체에 불과한 '나'는 사라지고 자신만의 개성이 명확히 드러난 '나'가 드러난다.

오늘날의 소비자들은 스스로를 적극적인 방식으로 찾아가고, 그 과정 또한 스스로 기록하고자 하는 욕구가 강하다. 최근 주목받고 있는 비즈니스들은 바로 이러한 변화된 소비자들의 욕구를 정확하게 반영하고 있다. 이른바 '모디슈머 Modisumer '의 시대다. 모디슈머는 Modify(수정하다)와 Consumer(소비자)의 합성어로, 제품 사용법을 자기 방식대로 바꿔 사용하는 소비자를 일컫는다. 젊은 소비자들은 자신의 개성을 적극적으로 표현하고 드러내기를 원한다. 자기중심적인 '미센트릭 Me-Centric '을 추구하며 사는 것이다. 자신의 취향과 욕구를 적극적으로 드러내려다 보니 소극적인 콘텐츠 수용자로 머물기를 거부한다. 서비스의 과정에 적극적으로 참여하기를 원하고, 그러한 경험을 주는 브랜드와 서비스에 호감을 표현한다.

모디슈머의 대표격은 F&B Food and Beverage 영역이다. 인터넷 커뮤니티에는 '라면 이렇게 먹으면 더 맛있다', '편의점에서 최상의 꿀 조합 리스트' 등 소비자들이 각자 나름의 개성 있는 레시피나 조합을 만드는 꿀팁을 공유하는 사례를 쉽게 발견할 수 있다. 그중 다수의 지지를 얻는 꿀팁은 실제 다른 소비자들에 의해 소비되는데, 기업들은 이를 신제품 개발에 적극적으로 활용한다. 대표적인 사례가 '짜파구리'다.

짜파구리는 농심의 대표 제품인 짜파게티와 너구리를 섞은 레시피 덕분에 나온 제품이다. 농심에서 의도적으로 만든 제품이 아니라, 소비자들이 직접 레시피를 제안해 만들어진 일종의 '소비자 주도형 창작품'이라 할 수 있다. 이제 소비자들은 제품이나 서비스를 받아들이는 소극적인 주체가 아니라 제품과 서비스의 생산에까지 영향을 미치는 창조자 역할까지 하고 있다.

고객에게 어떻게 창작자 역할을 부여할 것인가

2014년 6월 백악관 주재로 열린 메이커 페어Maker Fair 에서 버락 오바마 미국 대통령이 혁신의 아이콘이라 칭하며 극찬한 벤처 기업이 있다. 세계 최초로 3D 프린터를 도입해 자동차를 빠르게 생산하는 로컬모터스Local Motors다. 로컬모터스가 혁신적인 기업으로 칭송받은 이유는 3D 프린터에 탄소 섬유와 플라스틱 혼합재를 집어넣고 불과 40분 만에 뚝딱 자동차를 완성해서가 아니라, 차량 디자인에 소비자 커뮤니티를 이용한 집단지성 방식을 사용했기 때문이다.

로컬모터스는 업계 최초로 온라인 커뮤니티를 통해 자동차 개발의 전 과정을 공개하는 오픈 소스Open Source 방식을 도입했다. 누구나 온라인 커뮤니티에서 차량 개발 아이디어를 제안하고, 이를 자유롭게 변형하거나 재배포할 수 있도록 한 것이다. 차체, 섀시, 내외부 차

080

량 인테리어 디자인 과정에 아이디어를 내놓으면 각 분야 전문가들이 이를 비평하고 업그레이드시키는 시스템을 구축했다. 소비자들은 마음에 드는 디자인에 투표하거나, 직접 그린 차량 디자인을 올릴 수 있다.

또한 개인 맞춤형 디자인을 선택하더라도 차량 가격이 많이 올라가지 않는다. 실제 만드는 데 시간이 오래 걸리지 않아 모든 제조 공정이 '선주문 후생산'이다. 사전에 생산 비용을 충분하게 예측할 수 있고, 재고 차량을 쌓아둘 적재공간이 필요 없기 때문에 개인 맞춤형 서비스를 제공하기에도 편하다. 현대자동차 울산 공장의 크기는 500만 제곱미터로 축구장 670배에 달한다. 하지만 미국 녹스빌Knoxville에 위치한 로컬모터스의 3D 프린팅 공장의 크기는 4300제곱미터로, 현대자동차의 1000분의 1에 지나지 않는다.

비즈니스의 성장 전략도 혁신적이다. IBM의 인공지능 컴퓨터 왓슨Watson이 차량에 도입된 12인승 자율주행 셔틀버스 올리Olli는 사람이 운전하지 않는다. 미국 캘리포니아주와 이탈리아, 오스트리아, 캐나다 등 수많은 도시가 로컬모터스와 협약을 맺어 친환경 혁신 운송 서비스를 시험적으로 도입하기도 했다.

흥미로운 사실은 올리의 기본 콘셉트 디자인을 제공한 사람이 '어반 모빌리티 챌린지: 베를린 2030' 행사에서 우승한 24살의 콜롬비아인이란 점이다. 그는 이 대회에서 우승해 2만 8000달러의 상금을 받았고, 로컬모터스로부터 디자인 로열티에 대한 조건으로 커미션을 받았다. 기본적으로 자동차 회사가 새 디자인 콘셉트를 잡는 데 적어도 1년 이상 소요되고 비용도 수백만 달러가 든다고 간주했을 때, 로컬모터스의 '소비자들에게 창조자 역할을 부여'하는 정책이 얼마나 큰 혁신을 가져왔는지 알 수 있다. 뜻하지 않은 코로나19의 영향으로 15년 동안 지속된 로컬모터스의 혁신은 멈췄지만, 앞으로 우리는 제2, 제3의 로컬모터스를 만나게 될 것이다.

디지털 전환기에 소비자들에게 창작자의 역할을 부여하는 공동 창조 전략은 더욱더 중요해질 것이다. 미래 사회에는 공급자 주도형의 대량 소비 시대는 막을 내리고 초개인화·초맞춤화 시대가 열릴 것이다. 특히 기업 주도하에 고객의 다양한 취향에 맞추는 것을 넘어 고객이 직접 자신의 취향에 맞는 제품을 제작하고 주문하는 개인화가 더욱 중요해질 것이다.

바로 그런 이유로 스타벅스가 '마이 스타벅스 아이디어'를, 레고가 '레고 아이디어스'라는 커뮤니티 플랫폼을 운영하고 있다. 이제는 제조업체에서도 로컬모터스처럼 커뮤니티 플랫폼을 만들어 그들에게 우호적인 소비자들을 팬덤화하고, 이들이 제품을 업그레이드하는 혁신 아이디어를 생산해내도록 유도하는 시도를 확대할 것이다. 개방형 혁신의 시대에 커뮤니티의 역할은 더욱더 중요해진다는 뜻이다. 그러므로 이제 기업은 깊이 있는 수준에서 자사의 제품과 서비스를 이용하는 충성도 높은 고객들로부터 다양한 제품 아이디어를 얻어내 이를 제품에 반영하고, 그 결과를 고객들에게 들려주는 선순환을 만들어내는 팬덤 커뮤니티에 집중해야 한다.

　모디슈머가 소비자들이 기존에 있던 제품을 더 발전적으로 활용한다는 측면에서 기업에 순영향을 미친다면, 공동창조Co-Creation 전략은 좀 더 시스템적으로 소비자들을 기업이 만드는 제품이나 서비스에 참여시키는 시도를 의미한다. 이렇듯 고객에게 단순한 소비사가 아닌 창조자의 역할을 부여하며 혁신을 만들어내고 있는 기업이 다양한 영역에서 나타나고 있다.

　메이커Maker 와 팬Fan 의 관계는 메이커와 소비자의 관계와 다르다. 팬은 제품과 서비스에 문제가 생겼을 때 쓴소리를 전하며 개선에 동참한다. 반면 소비자는 불평한 뒤 더 좋은 제품을 찾아 바로 떠난다. 메이커와 소비자의 관계가 아닌 메이커와 팬의 관계가 되었을 때, 기업은 혁신을 위한 소중한 아이디어를 얻을 수 있다. 개방형 혁신은 결국 찐팬으로 구성된 커뮤니티를 통해서만 이룰 수 있다는 얘기다.

고객이 즐길
콘텐츠를 제공하는
미디어커머스

**오늘의집은 어떻게 까다로운
디지털 네이티브들의 마음을 사로잡았을까?**

　최근의 주요한 화두 중 하나는 단연 '미디어커머스Media Commerce'가 아닐까. 이제 수많은 기업이 단순한 이커머스 플랫폼을 넘어, 미디어처럼 콘텐츠를 활용해 마케팅을 극대화하는 커머스 플랫폼을 주목하고 있다. 이커머스는 온라인에서 제품이나 서비스를 사고파는 활동을 의미한다. 특히 모바일 쇼핑이 늘어남에 따라서 이커머스 플랫폼 산업은 나날이 성장하고 있다.

　스태티스타에 따르면 2019년 전 세계 이커머스 시장의 규모는 약 4200조 원으로, 글로벌 리테일 거래액의 약 14퍼센트를 차지한다. 이러한 성장세에 불을 붙인 것은 코로나19 팬데믹이다. 왜 모든 기업들이 미디어커머스를 이야기하고 있을까?

미디어커머스는 글자 그대로 'Media(매체)'와 'Commerce(상거래)'를 합친 말이다. 기업이 제품과 관련된 다양한 형태의 미디어 콘텐츠를 자사 플랫폼에 올려서 고객들이 찾아오도록 유도하는 활동이라고 정의할 수 있다. 과거의 미디어커머스가 제품을 소개하는 콘텐츠를 제작한 후 유튜브와 인스타그램 등의 소셜 플랫폼에 계정을 만들어 올리는 활동이었다면, 최근 들어서는 D2C 형태의 커뮤니티 플랫폼으로 미디어커머스를 운영하는 기업이 늘고 있다.

오늘의집 성공의 핵심은 커뮤니티에 있다

이렇게 진화된 미디어커머스 비즈니스는 다양한 라이프스타일을 기반으로 끊임없이 생겨나고 있다. 의식주 분야 중 가장 높은 커뮤니티 가치를 생산해내는 곳이자, 2030세대가 인테리어를 고민할 때 가장 많이 찾는 곳은 '오늘의집'이다. 오늘의집은 어떻게 까다로운 디지털 네이티브들의 마음을 사로잡았을까?

2014년 7월, 오늘의집은 인테리어 정보 커뮤니티이자 관련 콘텐츠 공유 플랫폼으로 사업을 론칭했다. 이후 수익을 만들어내기 위해 자체 플랫폼에 인테리어와 관련된 다양한 소품과 가구를 판매하는 인테리어 커머스 서비스에 주력하면서, 전문 인테리어 업체들과 소비자들을 이어주는 서비스까지 다양한 형태의 O2O 서비스를 시작했다. 오늘의집이 다른 경쟁자들과 차별화되는 가장 큰 강점은 소비자들이 직접 찍어 올린 콘텐츠를 가장 많이 보유한 플랫폼이라는 데 있다. 실제로 2022년 3월 기준으로 오늘의집이 운영하는 페이스북의 팔로워 수는 약 67만 명이며 인스타그램의 경우 130만 명이 넘는다. 그리고 이들 공식 계정의 메인 콘텐츠들은 오늘의집 골수팬들이 직접 올린 그들의 집과 인테리어 사진들이다.

이처럼 오늘의집 성공의 핵심은 소비자들이 자발적으로 만들어낸 UGC User Generated Contents 에 있다고 볼 수 있다. 2030세대 소비자들은 인스타그램에서 인테리어가 잘된 집 이미지에 끊임없이 노출되어 있는 반면, 현실 속 작은 방으로 돌아왔을 때는 소위 '현타'를 맞는다. 하지만 그들이 큰돈을 들여 집 내부 구조를 바꾸는 등 셀럽들의 집처럼 꾸밀 수는 없다. 그렇다고 자신의 취향이 반영되지 않은 공간에서 일상을 보낼 수는 없으니, 그들의 선택은 다양한 소품으로 자신의 취향에 맞게 공간을 꾸미는 것이다. 이렇게 만들어진 자신만의 공간 이미지는 '#온라인 집들이'라는 해시태그로 인스타그램에서 널리 퍼져나가고 있다.

오늘의집은 이 점에 집중했다. 소비자들이 다양한 소품을 파는 커머스 서비스나 인테리어를 대신해줄 전문 시공사를 찾기보다는 자신과 비슷한 나이, 성향, 공간을 가진 다른 사람들은 어떻게 꾸며놓고 사는지 보기 위해 오늘의집을 선택한다고 생각했다. 그들의 플랫폼이 집 꾸미기와 관련한 다양한 정보를 공유하는 커뮤니티가 되어야 수많은 경쟁자들 사이에서 성공할 수 있다고 판단한 것이다. 오늘의집 매출 중 가장 큰 부분은 가구나 소품들을 판매하는 커머스에서 발생하지만, 그 커머스가 매출을 만들 수 있도록 견인한 결정적인 핵심가치는 고객들이 직접 남긴 그들의 집과 관련된 이미지와 글이다. '판매'보다 '커뮤니티'적인 가치를 중요시한 것이 지금의 오늘의집을 만든 일등공신이라 할 수 있다.

실제로 오늘의집의 플랫폼 안에서의 고객 경험을 분석해보면, 그 핵심이 '내 집을 예쁘게 꾸미는 데 도움이 되는 사진을 찾을 수 있는 곳', '내 공간 사진을 다른 사람들과 공유할 수 있는 곳'이라는 커뮤니티적인 가치를 강조하는 메시지에 맞춰져 있음을 알 수 있다. 인테리어에 관심이 많은 사람이라면 130만 팔로워를 가진 오늘의집 공식 인스타그램 계정을 팔로우할 가능성이 높다.

사진 속 가구나 소품이 마음에 들어 클릭하면 제품의 가격과 정보를 쉽게 볼 수 있다. 이에 자연스럽게 해당 제품을 구매할 마음이 생긴 사용자들은 오늘의집 홈페이지나 모바일 앱으로 이동하게 된다. 공식 플랫폼에 가입하면 무료 쿠폰을 받을 수 있기 때문에 회원가입을 해서 할인된 가격으로 소품을 구매해야겠다는 욕구도 생긴다. 오늘의집은 회원가입 과정에서 사용자의 공간과 관련된 정보(평수, 가족 구성원 등)뿐만 아니라, 어떠한 방식으로 집을 꾸미기를 원하는지와 관련된 정보를 확보한다.

이후 첫 사진을 올리면 포인트를 지급하는 형태로 끊임없이 본인의 집 사진을 올리도록 유도한다. 2015년 이후 월 평균 14만 장이 넘는 사진이 올라오고 있다고 하니 얼마나 많은 사람이 이 플랫폼 안에서 스스로 꾸민 집 사진을 자유롭게 공유하는지 알 수 있다. 오늘의 집은 이렇게 끊임없이 올라오는 사진 중 인기 있는 것들을 골라서 공식 인스타그램이나 페이스북에 메인 사신으로 계속 보여준다.

수많은 사람이 오늘의집에서 소통하다 보니, 자연스럽게 팬슈머들이 생겨나고 이들이 만든 콘텐츠를 끊임없이 소비하는 골수팬까지 등장했다. 이들은 오늘의집 플랫폼 안에서 커뮤니티를 형성하고 끊임없이 소통하면서 관계를 쌓아나간다. 오늘의집은 공간 꾸미기를 좋아하는 사람들이 관심을 가질 법한 콘텐츠들을 끊임없이 제공함으로써 체류 시간을 늘려나가는 작업도 소홀히 하지 않는다. '노하우'라는 메뉴 속 '전셋집 꾸미기 가이드북'에서는, 2년 동안은 예쁘게 살고 싶다는 MZ세대의 욕망을 담은 읽을거리들을 볼 수 있다. '온라인 집들이' 메뉴에서는, 인테리어 고수들이 직접 예쁘게 꾸민 방을 구경할 수 있다. 해당 스타일이 마음에 들 경우 댓글을 통해 고수들에게 노하우를 물으면서 자연스럽게 관계를 형성해나갈 수 있다.

오늘의집은 사용자들이 올린 UGC 형태의 콘텐츠가 쌓이고 이를 유기적으로 연결하는 커뮤니티가 형성되자 자연스럽게 그 데이터를 활용하기 시작했다. 사용자들이 올린 사진 속 제품들에 대한 정보를 지속적으로 제공하면서, 사진 속 소품이 마음에 들면 '스크랩' 기능을 통해 해당 정보를 모아놓을 수 있도록 했다. 오늘의집은 이런 데이터를 통해 고객들이 선호하는 스타일의 제품들이나 브랜드를 손쉽게 파악할 수 있게 되었다.

이를 바탕으로 오늘의집은 그들의 플랫폼에 입점하고자 하는 업체를 선정하고, 고객들이 좋아하는 스타일의 소품을 연구해서 그와 유사한 제품들을 직접 개발하거나 외부에서 큐레이션해 소개하는 방식으로 커머스 사업을 성장시키고 있다. 즉 오늘의집은 소비자들이 다양한 방식으로 즐겁게 놀 수 있는 커뮤니티를 만드는 것이야말로 사업의 핵심 경쟁력인 데이터를 확보하는 길임을 정확히 파악한 것이다.

마켓컬리는 왜 콘텐츠에 집중하는가

오늘의집이 의식주에서 '주' 분야를 대표하는 미디어커머스라면, '식' 분야에서는 마켓컬리Market Kurly를 꼽을 수 있다. 마켓컬리의 초기 성공은 사실 유통 혁신에 있다. 밤 11시 전에 구매 버튼을 누르면 다음 날 아침 7시까지 고객의 집 문앞에 신선제품을 배달해주는 '샛별배송'은 마켓컬리가 국내 유통업계에 혜성처럼 등장해 존재감을 공고히 할 수 있었던 일등공신이라 하겠다.

2015년 5월, 국내 최초로 신선제품 새벽 배송을 선보인 마켓컬리는 대기업 유통사들에 밀려 사라질 것이라는 예측과 달리 창업 7년 만에 7조 원의 가치를 지닌 유니콘 기업으로 성장했다. 초반에 마켓컬리를 알린 것이 샛별배송이라면, 지금의 핵심 원동력은 '콘텐츠'에 있다. 마켓컬리는 창업 때부터 먹거리 분야의 전문가들이 모여서 뛰어난 퀄리티와 독창성을 갖춘 제품들을 엄격한 기준으로 큐레이션해서 제공하려고 노력했다.

자체 상품위원회의 엄격한 검증을 거친 제품만 입점시키는 전략은 고객들로부터 인정받기 시작했다. 이에 따라 식품 관련 스몰 브랜드들은 마켓컬리에 입점했다는 사실만으로도 큰 홍보 효과를 얻었고 소비자들에게 믿을 수 있는 제품이라는 인식을 심어줄 수 있었다. 농수산물은 산지에서 직접 거래하는데, 마켓컬리 사이트에서는 해당 상품에 대한 자세한 설명과 요리법까지 제공해준다.

최근에는 이를 영상 콘텐츠로도 제작하고 있는데, 2020년부터는 임직원들이 직접 출연해서 상품에 대한 정보와 선정 기준을 소개하는 '컬리의 TMI'라는 영상 콘텐츠를 제작해서 소비자들에게 제공하고 있다. 브이로그 형태의 이 영상은 판매 식품에 대한 정보뿐 아니라 컬리의 전문가들이 미국 식품박람회를 방문하는 모습을 보여주거나, 코로나19로 어려움에 빠진 농수산업을 살리기 위해 노력하는 모습 등도 보여주고 있다.

마켓컬리가 그동안 집중한 새벽 배송은 배송원가가 높아서 고객들의 주문 장바구니 크기가 작아지면, 주문 숫자가 아무리 늘어도 손실이 커질 수밖에 없다. 이제 마켓컬리는 라이프스타일을 주도하는 다양한 식문화 콘텐츠를 통해 고객의 욕망을 자극하는 한편, 고객이 습관적으로 방문해 음식과 관련된 각양각색의 제품들을 구매하는 곳으로 리포지셔닝하기 위해 노력 중이다.

'식' 분야에서 마켓컬리가 대표적인 미디어커머스 기업이라면, '의' 분야에서는 '무신사'가 대표적인 강자라 할 수 있다. 무신사는 조만호 대표가 고등학교 시절 운영한 프리첼 운동화 동호회가 그 시초다. 이후 조 대표가 대학교에서 패션을 전공하면서 동호회를 인터넷 기반의 웹진 형태로 자연스럽게 바꿔나가면서 동대문 의류상가의 제품들을 판매하는 유통망으로 성장해나갔다.

2021년 기준으로 거래액이 2조 3000억 원을 넘어서면서 사실상 한국 패션계의 아마존으로 등극했다. 온라인 패션부문 유니콘 기업인 무신사는 2020년 매출액이 전년 대비 51퍼센트나 증가한 3319억 원을 기록할 정도로 나날이 성장해나가고 있다. 무신사는 자신들을 패션 분야의 최신 트렌드를 전달하는 미디어이자, 다양한 패션 브랜드를 돕는 미디어커머스 역할을 하는 플랫폼이라고 정의한다. 한마디로 패션에 관한 모든 것이 존재하는 미디어커머스 채널이 바로 오늘날의 무신사다.

최근에는 무신사TV를 운영하면서 영상 PD 및 작가들과 함께 끊임없이 다양한 패션 콘텐츠를 만들고 있다. 이와 함께 외부의 패션 크리에이터들도 키워나가고 있다. 패션 크리에이터들이 자신들의 브랜드를 만들어 무신사에 입점할 경우 홍보 콘텐츠 제작을 돕고 마케팅 전략을 대행해주면서 파트너로 성장하는 전략을 취한다. 패션 브랜드로서 무신사의 가장 큰 장점은 무신사 플랫폼을 방문하는 고객들의 체류시간이 길고, 물건을 구매한 후 리뷰를 남기는 빈도가 높다는 점이다. 이는 고객들이 제품 구매 후 자신들의 패션 정보를 많이 노출할수록 다양한 형태의 리워드를 제공해주는 무신사의 정책 효과이기도 하지만 그보다는 미디어커머스로서의 진가가 뛰어나기 때문이다.

팔지 말고 놀게 하라

더에스엠씨콘텐츠연구소가 2021년 MZ세대 100명을 대상으로 한 앱 사용 실태 조사에 따르면, 특정 D2C 플랫폼 앱에 접속해 주 1회 이상 일정 시간 콘텐츠를 시청·탐색·구매하는 '로열 오디언스loyal audience'가 많은 브랜드는 오늘의집, 무신사, 마켓컬리 등 미디어커머스 플랫폼의 역할을 잘하는 곳들이었다.

젊은 디지털 네이티브들은 당장 옷을 구매하려는 목적이 없어도 무신사에 들어가서 정보를 훑어보고, '오늘 뭐 먹지?'라는 생각이 들 때면 마켓컬리에 들어가고, '집 분위기 좀 바꿔볼까?'라는 생각이 들면 주저없이 오늘의집에 들른다. 이것이 바로 지금 모든 기업이 이커머스가 아닌 미디어커머스를 이야기하는 이유다.

미디어커머스 기업들은 사람들이 모이는 커뮤니티적인 가치를 그들의 플랫폼에 구현하는 데 집중한다. 제품이나 서비스의 강점을 전달하는 정보 전달 방식으로는 사람들이 주기적으로 플랫폼을 방문하게 만들 수 없다. 방문자들이 자신들의 이야기를 풀어나가고 그 안에서 살아 숨쉬는 UGC 형태의 콘텐츠들이 자발적으로 공유되고 바이럴될 때, 비로소 기업이 운영하는 사이트는 미디어커머스의 역할을 할 수 있다.

앞으로 기업의 목표는 커뮤니티를 단순히 고객들이 모이는 곳이 아닌 팬덤이 자라는 곳, 나아가 그들이 끊임없이 혁신적인 아이디어를 내놓는 곳으로 키워나가는 것이어야 한다. 이런 과정을 통해서 제품과 서비스가 제공하는 가치 이상으로 커뮤니티에 모인 사람들의 가치가 비즈니스의 핵심 원동력이 되는 사례도 늘어날 것이다.

초개인화 시대,
소비자의
숨은 욕구 찾기

MZ세대는 고향이나 출신이 아니라
취향을 중심으로 뭉친다.

　세상이 하나로 연결된 디지털 시대지만 아이러니하게도 개인의 외로움과 고립감은 커져만 가고 있다. 이러한 정서적 결핍을 커뮤니티 활동을 통해 긍정적인 에너지로 바꿀 수 있도록 도와주는 플랫폼도 늘어나고 있다. 가장 대표적인 곳이 심리상담 프로그램과 리추얼 프로그램을 결합한 자아성장 큐레이션 플랫폼 밑미 **MeetMe** 다.

　밑미의 최종 목표는 자신들의 플랫폼 안에서 다양한 사람들이 교류하는 커뮤니티 활동을 통해 '진짜 나'를 발견할 수 있도록 돕는 것이다. 대단한 일보다는 일상의 다양하고 소소한 일들 속에서 자아를 발견하고, 목표를 설정해 타인들과 공유하면서 성장해나가는 것이 이 플랫폼의 핵심가치다.

외로움과 고립감이 비즈니스가 되는 시대

밑미는 일상의 작은 일들에서 다양한 교류가 일어날 수 있도록 돕는다. 밑미의 '리추얼Ritual 프로그램'은 일상에서 반복하는 행위들에 삶의 의미를 부여하고 이를 통해 긍정적인 에너지를 만들어내는 것을 목표로 한다. 예를 들어, 온라인 리추얼 프로그램 '아침 먹기×식사 일기 쓰기'에 참석하면, 아침에 일어나 자신을 위한 식사를 정성스럽게 차린 다음, 사진을 찍어서 정해진 시간대에 같은 프로그램에 활동 중인 단체 대화방에 인증한다. 이 커뮤니티 내에서 사람들은 이러한 소소한 행위들을 지속할 수 있도록 의미를 부여하고 서로를 응원해준다.

리추얼 메이커는 해당 분야에서 자신만의 리추얼을 꾸준히 실천해온 커뮤니티 리더가 프로그램을 주도하는 경우도 있다. 가령 '1주 12킬로미터 달리기'라는 프로그램은 배달의민족 마케터 장인성 씨가 리추얼 메이커로 활동하며 참가자들을 이끈다. 6~20명으로 구성된 이 프로그램의 커뮤니티에서 사람들은 각자 자신의 스케줄에 맞춰서 일주일 동안 12킬로미터를 뛰는 리추얼을 이루어내기 위해 서로 노력하고 격려한다.

4주 동안 동일한 목표를 공유하는 사람들이 모여서 인사를 나누고, 매주 월요일에는 지난 한 주의 도전 결과와 다음 주 자신이 계획한 달리기 스케줄을 공유한다. 그러다가 4주의 마지막 날에 한 달 동

밑미의 달리기 프로그램 리추얼 메이커로 활동 중인 배달의민족 마케터 장인성 씨.

안 해왔던 리추얼 경험을 공유하는 것으로 전체 커뮤니티 활동은 마무리된다. 이 프로그램의 참가비는 한 달에 7만 원으로, 하루 커피 한 잔 값만 내면 비슷한 목표를 가진 사람들과 공통의 목표를 달성하며 작은 성취감을 느낄 수 있다. 이 프로그램은 매번 매진될 정도로 인기가 높다.

밑미는 각 프로그램별 커뮤니티의 분위기와 소요시간 같은 중요한 정보들을 이용자들에게 제공한다. 동시에 함께 사용하면 좋은 리추얼 도구들에 관한 정보도 제공해준다. 외로움과 고립감 정도가 심해서 전문적인 카운슬링이 필요한 사람들을 위한 프로그램도 있다. '사춘기보다 격렬한 어른의 방황'과 같은 심리 프로그램에 등록하면, 심리상담 전문가가 운영하는 프로그램에서 비슷한 고민을 하는 사람들과 모여서 치유의 경험을 나눌 수 있다. 커리어에 대한 상담이

출처 : https://www.nicetomeetme.kr

외로움과 고립감 정도가 심한 이들을 위한 밑미의 심리상담 프로그램.

필요하다면 '나를 알아야 찾을 수 있는 일의 재미', 자신의 성격을 심층 분석하고 싶다면 '그것이 알고 싶다 내 진짜 MBTI' 같은 프로그램에 등록해 자신에게 필요한 서비스를 받을 수 있다.

이 모든 프로그램은 전문 카운슬러에 의해 비밀이 보장되는 체계적인 시스템을 통해 진행되지만 전체적인 분위기는 무겁지 않다. 심리 문제로 병원을 찾을 때와는 달리, 밑미는 좀 더 캐주얼하고 밝은 분위기에서 비슷한 고민을 하는 사람들과 자신의 이야기를 공유하는 커뮤니티적인 가치가 차별화된 핵심가치라 하겠다.

2021년 11월 통계청이 발표한 '2021년 사회조사'에 따르면, 응답자의 3분의 1이 코로나19 이후 모든 사회적 관계에서 멀어졌다고 답했다. 1인 가구의 증가, 디지털 사용량의 증가, 코로나19 같은 또 다른 바이러스 팬데믹은 향후 개인들에게 더 큰 고립감과 소외감을 느끼게 할 것이다. 이러한 이유로 전문가들은 젊은 세대가 돈을 주고서라도 친구 관계를 구매하는 '외로움의 경제'가 폭발적으로 성장할 것으로 내다보고 있다. 향후 온오프라인을 넘나들며, 이런 고립감과 소외감을 해결하고 사람 사이를 연결해주는 가치를 제공하는 밑미와 같은 커뮤니티 비즈니스들이 더 확장되고 늘어날 가능성이 높은 이유다.

세상은 민초단과 반민초단으로 나뉜다

'당신은 민초단인가요?'

2021년 7월 볼보자동차코리아가 브랜드 홍보대사인 손흥민 선수와 가진 특별 인터뷰 영상에서 던진 질문이다. '민초단'은 '민트 초코단'의 줄임말로, 민트 초코 맛을 좋아하는 사람들을 가리키는 신조어다. 당시 민초단이 뭐길래 인터뷰에서 질문을 할까 의아해하는 사람들도 있었다. 하지만 손흥민 선수를 비롯해서 방탄소년단 멤버 RM 같은 유명 연예인까지, 한 번쯤은 스스로를 민초단인지 반민초단(민트 초코를 싫어하는 사람들을 가리키는 말)인지 공개적으로 밝힐 정도로, 한국 사회에서 중요한 이슈였다.

유명 인사들이 민트 초코 맛에 대한 취향을 밝힐 때마다 인터넷 공간에서는 댓글 놀이가 펼쳐졌다. '같은 민초단이라니 역시! 호감이

민트 초코로 만든 신제품과 각종 굿즈를 판매하는 민트초코 공식 커뮤니티 사이트.

상승했다', '치약 맛이 나는 것을 좋아하다니'처럼, 다른 취향을 가진 두 집단이 팽팽하게 맞서며 즐겁게 댓글 놀이를 펼쳤다. 이는 단순하게 민트 초코를 좋아하느냐 좋아하지 않느냐의 논쟁에서 끝나지 않는다. MZ세대를 중심으로 '민트 초코를 좋아하세요?'라는 질문이 밈meme 형태로 퍼져나갔다. 인터넷에 '민초단'을 검색하면 소비자들이 자발적으로 만든 민트 초코 맛에 대한 엄청난 양의 이미지와 재미있는 영상들을 손쉽게 찾아볼 수 있다.

홍미로운 사실은 이런 동일한 취향을 공유하는 사람들끼리 모여서 비즈니스가 되는 커뮤니티가 형성된다는 점이다. 민트 초코 제품에 대한 강력한 지지를 보내고 있는 팬덤 집단 민초단(www.minchodan. com)이란 공식 커뮤니티가 존재한다. "세상에는 수많은 취향이 존재하고 민트 초코의 부정적인 의견에 맞서 더 많은 사람들이 자신의 취향을 당당하게 선택하도록 돕기 위해 만든 커뮤니티"라고 스스로를 소개한다. 이 커뮤니티에서는 민트 초코로 만든 새로운 신제품을 소개하고 각종 굿즈도 판매한다.

민초단 문화가 생기자 식품 유통업계는 발 빠르게 대응했다. 샌드위치 브랜드 써브웨이는 해외에서만 판매되던 민트 초코 맛 쿠키를 2020년 1월 한정 판매했고, 빙그레는 민트 초코를 슈퍼콘의 네 번째 맛으로 선택했다. GS25 편의점도 민트 초코 케이크를 출시했고, 공차는 여름 한정 메뉴로 민트 초코 밀크티를 출시해 하루에 1만 잔 가까이 판매하는 기록을 세웠다.

민초단 열풍을 어떻게 봐야 할까? 오늘날의 젊은 세대는 취향을 중심으로 뭉치는 경향이 강하다. 4050세대가 만나자마자 고향이나 출신 대학 등을 물어보고 거기에서 동질감을 찾는다면, MZ세대는 민트 초코를 좋아하느냐 좋아하지 않느냐와 같은 가벼운 취향으로 서로를 파악하고 커뮤니티까지 만들어낸다. 공통의 취향을 가진 사람들을 온라인 세상에서 끊임없이 찾아 연결고리를 만들고 함께 콘텐츠를 만들면서 놀이처럼 자발적으로 문화를 만들어나간다.

이제 기업은 뚜렷한 자기 취향을 가진 소비자들이 좋아할 만한 것들을 끊임없이 파악해서, 필요하다면 그것과 연결된 커뮤니티를 만들어 가치를 전달해야 한다. 이는 초개인화와 맥락을 같이한다. 초개인화는 일종의 마케팅 트렌드로, 소비자가 끊임없이 남기는 데이터를 기반으로 기업이 실시간 소비자의 상황과 맥락을 파악해 숨은 욕구를 예측해서 그에 적합한 서비스를 제공하는 것이 핵심이다.

초개인화 사회가 등장한 핵심적인 배경에는 기존의 기업 중심, 즉 생산자 중심에서 소비자 중심으로 시장의 패러다임 변화가 생겨났기 때문이다. 오늘날의 젊은 디지털 네이티브들은 획일화된 정보나 서비스에는 만족하지 않는다. 그들은 자신에게 최적화된 제품과 서비스를 끊임없이 온오프라인을 넘나들며 찾아나서는 적극적이고 능동적인 소비자들이다. 동시에 디지털 환경에서는 자신의 다양한 욕구를 충족시켜줄 수 있는 제품이나 서비스를 찾기가 더 쉬워졌기 때문에 더욱더 뚜렷하고 세분화된 취향을 가지게 되었다. 이런 이유로 초개인화의 시대, 바야흐로 취향의 시대가 열린 것이다.

라이프스타일이 반영된 의미 있는 데이터

코로나19 팬데믹은 전 세계인의 라이프스타일을 크게 바꾸어놓았다. 우선 실내보다는 탁 트인 야외 공간에서 여가시간을 보내려는 사람들의 수가 크게 늘어났다. 2020년 6월, 한국관광공사가 SKT 티맵 교통 데이터와 KT 빅데이터를 활용해 분석한 국내 관광객의 이동패턴 분석 결과를 보면, 코로나19 이후 산과 숲속에 위치한 캠핑장 방문객의 수가 73퍼센트나 급증했다.

과거 장년층의 전유물과 같았던 등산도 젊은 세대들의 취미문화로 새롭게 자리매김했다. 2030세대가 주도적으로 활동하는 등산 동호회가 오픈 채팅방 형태로 생겨나기 시작했다. 이런 커뮤니티에 가면 하루 일과를 끝내고 가볍게 '야등(야간 등산)'을 함께할 사람을 찾는 글들을 쉽게 발견할 수 있다. 이제 산은 주중 주말이나 밤낮 할 것 없이, 스포츠용 크롭티와 레깅스를 입고 유명 브랜드의 재킷을 걸친 2030세대의 놀이터로 변해가고 있다. 인스타그램에 가면 멋지게 차려입고 야간 불빛을 배경으로 찍은 사진을 '#야등'이라는 해시태그로 올린 피드만 6만여 건(2022년 10월 기준)에 이른다.

산을 즐기는 디지털 네이티브들이 늘어나자 아웃도어 브랜드들이 앞다투어 온라인 커뮤니티 플랫폼을 내놓기 시작했다. 가장 잘 알려진 등산 커뮤니티는 '블랙야크 알파인 클럽Blackyak Alpine Club, BAC'이다. BAC는 국내에서 가장 오래된 앱 기반의 등산 커뮤니티 플랫폼으로, 오래된 역사만큼이나 등산객들 사이에 꾸준한 인기를 끌고 있었는데 코로나19 이후에는 폭발적인 성장세를 보여주었다. MZ세대의 가입이 눈에 띄게 늘었기 때문이다. BAC에 따르면 팬데믹 발생 전인 2019년에 비해 2020년의 신규 가입자가 약 2배 이상 늘었으며 그중 절반은 2030세대 가입자들이라고 밝혔다.

BAC에 MZ세대가 모이는 데는 여러 가지 이유가 있다. 첫째, 등산에 게임 요소를 추가해서 하나의 놀이문화로 만들어냈기 때문이다. BAC의 모바일 앱에 가입하면 가입자는 '도전자'라고 불리며 별도의 도전 번호를 부여받는다. 도전자가 많은 산에 오를수록 구매할 때 여러 가지 할인 혜택을 주는 '그린 포인트Green Point'를 받을 수 있다. BAC는 가입자들이 게임하듯 단계별로 부여받은 미션을 클리어하고 완수했을 때는 보상의 기쁨을 느낄 수 있도록 정교하게 프로그램을 만들어놓았다. 이것이 MZ세대로 하여금 BAC 커뮤니티에 들어와 끊임없이 자신들의 데이터를 노출하며 시간을 보내게 한 원동력이다.

둘째, 인스타그래머블Instagramable 한 요소들을 등산 경험에 잘 녹여냈다. 인스타그램에는 수많은 MZ세대가 산 정상에 오른 후 BAC에서 제공한 타월을 양팔에 펼쳐들고 인증샷을 올린 것을 쉽게 찾아볼 수 있다. BAC에 회원가입을 하면 자동으로 인증 타월 무료교환 쿠폰이 발급된다. 이는 단순히 기념품을 주는 개념이 아니라, '이제 당신은 명산 100좌 도전자로 등록되었으며, 당신의 도전을 응원해줄 타월을 무료로 주겠다'라는 스토리텔링을 담고 있다. 명산 100좌에 도전하면 10좌씩 등정에 성공할 때마다 자랑하고 싶어지는 예쁜 패치를 준다.

'다양한 명산 오르기' 챌린지 완수 조건에는 BAC 타월을 들고 있는 인증 사진을 올리도록 조건을 걸어두었기 때문에, 인스타그램뿐 아니라 BAC 앱에서도 정상 등정에 성공한 도전자들의 인증샷이 끊임없이 올라온다. 앱에 접속한 사람들은 이런 사진들에 자연스럽게 노출되면서 자신도 산에 올라가 인증사진을 찍어서 올리고 싶다는 욕구를 느낀다. BAC는 특정 챌린지를 완수하면 정성스럽게 만든 증서를 집으로 보내준다. 이 역시 사진을 찍어 SNS에 올리고 싶은 아이템이다.

마지막으로 BAC는 함께 산행을 즐길 수 있는 새로운 친구들을 만날 수 있는 커뮤니티 기능을 끊임없이 업데이트해준다. 명산 도전을 함께할 동료들을 찾을 수 있는 다양한 클럽들이 있고, 클럽 랭킹 메뉴를 통해 인기 있는 특정 테마 혹은 특정 지역의 산행클럽을 선별해서 큐레이션해주거나 새로운 클럽도 따로 보여준다. 우수 클럽으로 선정될 경우에는 BAC 내에 소개되고, 산행을 갈 때 버스 대여비를 지원해주는 등 금전적인 지원도 제공해준다.

코로나19가 종식된 후에도 야외 레저산업은 가파르게 성장할 가능성이 높다. 이와 함께 MZ세대에게 혁신적인 고객 경험을 제공하는 레저 관련 온라인 커뮤니티 플랫폼들이 끊임없이 생겨날 것이다. 블랙야크의 BAC뿐 아니라 코오롱스포츠도 아웃도어 액티비티를 즐기는 MZ세대를 공략하는 액티비티 플랫폼을 출시했다. 다양한 자연환경에서 장시간 달리는 스포츠 활동인 '트레일 러닝' 문화를 확산하는 것이 목적이다.

개인과 기업들이 커뮤니티에 관심을 가져야 하는 이유는 너무나도 많다. 무엇보다 커뮤니티에 제품 정보를 제공하는 것만으로는 소비자들의 숨겨진 마음을 읽어낼 수 있는 데이터를 화수분처럼 획득할 수 없다. 다양하고 흥미로운 활동들과 회원들 사이에 상호 교류가 이어질 때 비로소 라이프스타일이 반영된 의미 있는 데이터를 뽑아

낼 수 있다. 더 나아가 충성도 높은 찐팬을 확보하기 위해서라도 커뮤니티 활동을 열심히 해야 한다.

이제는 기업의 마케팅 담당자가 충성 고객 그룹들과 함께 피크닉도 가고 기업의 내부 스토리에 대해서도 도란도란 이야기해야 하는 시대다. 혁신의 원동력을 소비자들에게서 찾아야 하기 때문이다. 디지털 생활이 보편화될수록, 그 반대급부로 고객들의 외로움은 커질 수 있다. 이제는 기업이 커뮤니티적인 장치를 통해 고객들을 서로 연결해주는 역할까지 해야 할지 모른다.

취향의 시대다. 이제 기업은 취향에 따른 고객의 라이프스타일을 더욱 세밀하게 들여다보고, 판매하는 제품 서비스와 관련된 취향 기반의 커뮤니티 플랫폼을 만들어야 한다.

Chapter 2

성공적인
커뮤니티를 만드는
7가지 법칙

브랜드의
철학과 비전을
공유하라

**테슬라, 애플, 파타고니아는
어떻게 팬덤이 강한 브랜드로 성장했을까?**

팬덤이 강하기로 유명한 브랜드가 있다. 테슬라와 애플이다. 심지어 이 두 브랜드의 사용자를 분석해보면, 애플 제품에 호의적인 사람이 테슬라 제품에도 호의적이고 이 둘을 동시에 사용하는 경우도 많다. 그렇다면 두 기업의 브랜드 전략의 공통점은 무엇일까?

테슬라 팬들에게 테슬라 차는 단순한 전기차가 아니다. 그들은 자신의 세계관을 확장하는 수단으로 테슬라를 탄다. 흔히 테슬라의 빅팬을 '테슬람'이라 부른다. 이는 '테슬라'와 '이슬람'의 합성어로 테슬라에 대한 사랑이 종교만큼 맹목적이라는 것을 의미한다.

2021년 국내에서도 이들 테슬람의 존재가 부각된 일이 있었다. KBS 〈시사기획 창〉은 '테슬라, 베타버전의 질주'라는 타이틀 아래 테슬라의 문제점을 지적했는데, 이 과정에서 조작이 의심되는 연출 및 편집이 있다는 의혹이 몇몇 시청자에 의해 제기되었다. 자동차 브랜드의 결함을 지적하는 방송이 나가면 대부분 해당 브랜드가 적극적으로 대응에 나선다. 그런데 이 방송에서는 회사가 아닌 테슬라의 오너들이 직접 방송 조작의 근거를 제시하며 반박에 나섰다.

한국 테슬람은 아무런 대가 없이 자발적으로 해당 방송의 문제점을 알리고 정정 보도를 요구하는 청원 운동까지 벌였다. 테슬라 팬덤의 실체와 영향력을 확인시켜준 대표적인 사건이 아닐 수 없다. 그렇다면 테슬라의 팬덤은 어떻게 만들어졌으며, 지속적인 성장의 비결은 무엇일까?

기업과 비전을 공유하는 고객 커뮤니티

테슬라 팬덤의 근간이 되는 커뮤니티 조직은 테슬라 오너스 클럽 Tesla Owners Club(이하 TOC)이다. TOC는 테슬라가 공식적으로 인증했지만, 테슬라를 좋아하는 사람들이 자발적으로 모여서 활동하는 커뮤니티다. 2022년 1월 기준으로 미국 51개, 유럽 31개 등 전 세계에 80여 개의 TOC가 활동 중이며, 한국에도 TOC 공식 인증을 받은 네이버카페가 존재한다.

그렇다면 TOC 멤버들은 왜 사비를 들여서까지 적극적인 커뮤니

테슬라를 좋아하는 사람들이 자발적으로 모여 활동하는 커뮤니티인 테슬라 오너스 클럽.

티 활동을 하는 것일까? TOC에서 적극적으로 활동하는 커뮤니티 멤버들의 인터뷰를 보면, 이들 모두가 차를 구매하자마자 테슬람이 된 것은 아님을 알 수 있다. 대부분 테슬라의 친환경적 시스템 차량을 이용하면서 자연스럽게 테슬라의 비전에 노출되어 스스로 '좀 더 사회적으로 바람직한 일을 하고 싶다, 내 아이의 미래를 위해 사회에 기여하고 싶다'라는 생각을 하게 되었다고 한다.

결국 테슬라는 자동차를 주력으로 판매하는 회사지만, 고객이 '지속가능한 에너지로 세계적 전환을 가속화한다'라는 그들의 미션을 자연스럽게 경험할 수 있도록 만든다. 이런 과정을 통해 테슬라 미션에 매료된 사람은 자연스럽게 비슷한 생각을 가진 동료를 찾기 마련이고, 그런 사람들이 모일 수 있도록 만든 곳이 TOC인 셈이다.

TOC에 모인 이들이 주로 하는 일은 테슬라와 관련된 정보를 나누는 것이다. 온오프라인 플랫폼을 통해 차량 활용 가이드와 팁, 최신 소프트웨어 업데이트 내용, 전기차 충전과 관련된 다양한 정보, 차량 문제 발생 시 대처 방안 등 여러 정보를 공유하고 업데이트한다. 사실상 고객지원센터가 해야 할 일을 자발적으로 하면서 회사에 도움을 주고 있는 것이다.

흥미로운 점은 TOC 활동 중에는 사회적으로 가치 있는 행사도 많다는 점이다. 실제로 미국의 지역별 TOC 활동을 살펴보면 공통적으로 지구의 날Earth Day에 모여 친환경적인 활동을 하고, 지역 사회에 의미 있는 기부 활동을 활발하게 펼치고 있음을 알 수 있다. 자신들이 테슬라 전기차를 선택한 것은 단순히 차를 구매한 것이 아니라 '세상을 더 나은 방향으로 이끄는 생태계에 합류한 것'임을 일련의 사회 활동을 통해 세상에 알리고 있는 것이다. 하지만 테슬라는 이런 TOC의 행사를 재정적으로 지원하지 않는다.

TOC의 사회적 활동은 테슬라 공식 행사에서 서로 공유된다. 이때 각각의 커뮤니티가 진행하는 행사의 의미를 되새기고 서로 격려하는 시간을 가진다. 이런 과정을 통해서 각 나라의 TOC는 인종과 나이를 초월해 테슬라의 비전에 동의하고, 그 비전을 각자의 커뮤니티에서 다양한 방식으로 실행하고 있다는 동질감을 느낀다.

테슬라는 TOC의 행사에 금전적인 지원을 하지 않는 대신, 이런 행사가 더 빛날 수 있도록 사회적 인정의 장치를 철저하게 제공해준다. 예를 들어 한국의 TOC가 의미 있는 친환경적인 행사를 자발적으로 개최하면 브랜드 로고가 들어간 현수막이나 장식물 등을 지원해주는 식이다. 금전적인 지원에 초점을 맞출 경우, 자발적으로 형성된 행사의 진정성이 훼손될 수 있다는 것을 잘 알기에 참여자들의 행위를 더 의미 있고 돋보이게 만들어주는 지원에만 초점을 맞춘 것이다.

대부분의 자동차 브랜드에서 운영하는 커뮤니티는 회사에서 제공하는 금전적인 지원이 커뮤니티 운영에 핵심적인 역할을 한다. 커뮤니티 행사에 해당 브랜드로부터 호텔 등의 장소 협찬을 받거나 레이싱 트랙 사용 권한을 무료로 제공받는 등 직간접적으로 금전적인 지원을 받는다. 또 이러한 지원이 해당 커뮤니티에 가입해서 핵심 멤버로 활동하게 만드는 주요 원동력이 된다.

반면 TOC는 테슬라가 지향하는 비전에 동의하는 사람들이 선한 목적으로 모여서 의미 있는 사회 활동을 하는 것에 초점을 맞추고 있다. 그리고 테슬라는 이 과정에서 금전적 지원 없이 이들의 공식적인 활동이 돋보이도록 돕는다. TOC 활동의 진정성이 훼손되지 않도록 조심하는 것이다. 즉 테슬라 커뮤니티의 운영 원동력은 '진정성'과 '자발성'에 있으며 이것이 바로 테슬라 커뮤니티와 다른 브랜드 커뮤니티의 가장 큰 차이점이다.

2021년 3월 테슬라는 공고하게 형성된 그들의 팬 커뮤니티를 확장해 보다 다양한 활동을 위해 인게이지 테슬라Engage Tesla 라는 온라인 소셜 플랫폼을 추가로 개설했다. 이 플랫폼은 테슬라 팬들이 서로 힘을 모아 세상을 더 나은 곳으로 만들어가는 정치적인 행위를 할 수 있도록 만든 것이다. 테슬라의 팬들은 이곳을 통해 테슬라의 친환경적인 에너지 활동이 유리하게 전개되도록 각 나라의 법률 제정이나 개정을 위한 행동을 도모한다. 현재는 초기 팬덤을 만드는 역할이 TOC에서 인게이지 테슬라 플랫폼으로 자연스럽게 전환되어가는 듯하다.

자동차 커뮤니티에 들어가면 '테슬라는 단순한 차가 아니다. 나는 내가 세상을 바라보는 세계관을 표현하기 위해 테슬라를 탄다'라고 생각하는 테슬라 팬들을 쉽게 만날 수 있다. 결국 테슬라는 스스로를 자동차 파는 회사가 아닌 '세상을 더 나은 곳으로 만들어가는 혁신적인 회사'라는 비전과 신념을 파는 회사로 거듭나는 데 성공한 셈이다.

제품 전도사로 활동하는 애플 팬보이

2022년 5월, 애플은 시가총액 2조 3700억 달러(한화 약 3400조 원)를 기록했다. 우리나라 상장사를 모두 팔아도 애플 하나를 사지 못한다는 이야기다. 애플이 이렇게 세계 최대의 기업으로 성장하게 된 원동력은 소위 '애플빠'라고 불리는 '애플 팬보이Apple Fanboy' 집단에서 찾을 수 있다.

대표적인 애플 팬보이인 게리 앨런Gary Allen은 특히 애플스토어의 찐팬이었다. 그는 2015년 67세의 나이로 생을 마감하기까지 미국 전역 및 유럽과 중국을 포함해 전 세계적으로 140개 이상의 애플스토어 신규 매장을 방문했다. 생전에 그는 트위터 프로필에 "애플 리테일스토어 마니아, 지구상 어느 곳이든 신규 매장의 오픈을 축하하기 위해 여행하고 있습니다"라고 밝힌 것으로 유명하다.

애플 팬보이는 언제, 어떻게 생겨났을까? 많은 전문가가 그 계기를 1997년 애플이 만든 '다르게 생각하라Think Different'라는 광고 캠페인에서 찾는다. 이 광고는 피카소, 마틴 루서 킹, 마리아 칼라스, 간디, 채플린, 존 레넌처럼 '당연한 것'을 거부하고 늘 새로움에 도전하던 '시대의 괴짜'들을 등장시킨다. 그리고 다음과 같은 내레이션이 흐른다.

여기 미친 이들이 있습니다. 부적응자, 혁명가, 반항아. 모두 사회에 부적격인 사람들입니다. 하지만 이들은 세상을 다르게 봅니다. 그들은 규칙을 싫어하고, 현실에 안주하는 것을 원하지 않습니다. 그들을 찬양할 수도 있고, 그들에게 동의하지 않을 수도 있으며, 그들을 미화할 수도, 비방할 수도 있습니다. 하지만 할 수 없는 일이 딱 한 가지 있습니다. 결코 무시할 수 없다는 사실입니다. 그들은 세상을 바꿔왔기 때문입니다.

우리는 이런 이들을 위한 도구를 만듭니다. 어떤 이들은 그들을 미쳤다고 하지만, 우리는 그들을 천재로 봅니다. 미쳐야만 세상을 바꿀 수 있다고 생각하기 때문입니다.

이 광고는 단 한 차례도 애플의 제품을 보여주거나 언급하지 않는다. 그저 '애플은 미치광이들을 위한 기업'이라는 자신들의 비전을 공유하는 데 집중한다. 이는 재기를 노린 스티브 잡스의 남다른 의지를 담고 있다.

1985년, 잡스는 자신이 창업한 애플에서 쫓겨난다. 이후 1997년 다시 기적적으로 경영 실권을 잡는 데 성공하지만, 그가 돌아왔을 때 회사는 이미 도산 직전의 상태였다. 그런데 위기의 회사를 되살리기 위해서 잡스가 집중한 것은 영업이익이 아니었다. 그는 '애플은 다르다', '애플은 가장 혁신적인 제품을 내놓는 기업이다'라는 차별화된 비전을 구축하는 데 집중했다. 이러한 비전을 전달하기 위해서 공들여 만든 광고가 바로 '다르게 생각하라' 광고였다.

이는 차별화된 생각을 넘어 '창조의 영역에서 새로운 가치를 만들어내자'라는 애플의 철학이 담긴 슬로건이다. 애플은 혁신적인 이미지를 만들기 위해 자사 제품의 우수성을 강조하지 않았다. 대신 자신들의 신념과 철학을 브랜드 스토리에 담아서 전달하는 데 집중한다. 정교하게 설계된 그들의 비전과 철학이 담긴 이야기에 많은 젊은이가 열광하기 시작했고, 실제 애플이 내놓는 전대미문의 독특한 디자인의 제품에 소수의 집단이 집중하기 시작했다.

애플이 선보인 마케팅 전략의 핵심은 제품의 전도사 역할을 하는 수많은 커뮤니티에서 비롯된다. 애플은 자신들의 핵심 비즈니스 가치인 '다르게 생각하라'에 동의하는 사람들을 키워내는 데 주력했다. 즉 창조의 영역에서 기존에 존재하지 않는 방식으로 무언가를 만들고자 하는 사람들을 육성하는 시스템을 구축하고, 이들이 모이는 커뮤니티를 조직하려고 항상 노력했다.

애플은 수년 전부터 '청년 프로그램^{Youth Programs}'을 지속적으로 진행하고 있다. 10대들이 스스로 창의성을 발현하도록 도와주는 무료 프로그램이다. 이 프로그램을 통해 애플은 미래의 핵심고객인 젊은 이들에게 무료로 코딩 교육을 하거나 애플의 여러 기기로 영상을 제작하는 법을 가르치고 있다.

이외에도 다양한 무료 프로그램들을 통해 학생이나 예술가, 창업

출처 : https://www.apple.com/kr

애플은 10대들의 창의성 증진을 돕는 무료 프로그램을 운영하고 있다.

자가 애플의 다양한 제품을 가장 먼저 창의적인 방식으로 사용한 후, 널리 알릴 수 있도록 커뮤니티를 운영해왔다. 아울러 이들이 해당 커뮤니티 안에서 서로 교류하면서 창의적인 작업에 몰두하도록 적극적으로 도움을 주고 있다.

애플이 궁극적으로 추구하는 바는 핵심 소비자들에게 '세상을 바꾸려는 혁신적인 사고를 하는 계기'를 만들어주는 것이다. 애플을 통해 이런 창의적인 경험을 한 소비자들은 자연스럽게 애플의 비전에 공감하게 되고, 그 과정에서 맹렬한 애플 팬으로 성장할 가능성이 높아진다. 그 결과 애플은 그들의 비전인 '다르게 생각하라'를 공유하는 방식의 커뮤니티를 성공적으로 만들어냈고, 이를 공유하고 있는 수많은 애플 팬보이들이 만들어낸 비공식적인 온오프라인 커뮤니티들이 존재한다.

파타고니아는 '친환경=쿨'이라는 가치를 전달한다

테슬라와 애플만큼이나 독특한 비전으로 성장 중인 회사가 있다. 바로 파타고니아다. 테슬라에 일론 머스크, 애플에 스티브 잡스가 있다면, 파타고니아에는 이본 쉬나드 Yvon Chouinard 가 있다.

파타고니아의 비전은 이본 쉬나드가 쓴 《파타고니아, 파도가 칠 때는 서핑을 Let My People Go Surfing 》의 제목만 봐도 알 수 있다. 친환경적인 제품을 만들고, 그것을 통해 세상을 긍정적인 방향으로 변화시키고 싶어 하는 사람들을 고용해 그들이 마음껏 자연을 즐기도록 하려는 것이다.

파타고니아의 핵심 커뮤니티는 친환경적인 활동을 하는 사람들에 의해 자연스럽게 형성되었다. 파타고니아는 특히 1985년부터 매출액의 1퍼센트를 풀뿌리 환경단체에 지원해오고 있다. 최대한 자연을 파괴하지 않는 제품을 만들어왔지만, 그것만으로도 자연을 해친다는 '마음의 빚'을 갚는 의미로 해온 일이다.

2022년부터는 '지구를 위한 1%1% for the Planet'라는 비영리단체를 만들어 이에 동의하는 다양한 기업 및 개인 멤버들을 모아, 수천 개의 풀뿌리 환경단체를 지원하는 활동도 하고 있다. 기업 멤버는 이익의

출처 : https://www.penguin.co.uk

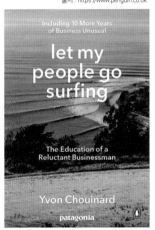

파타고니아의 CEO 이본 쉬나드가 집필한
《파타고니아, 파도가 칠 때는 서핑을》.

1퍼센트를 기부하고, 개인은 연봉의 1퍼센트를 기부하거나 시간당 29달러의 가치 있는 활동에 참여함으로써 자원봉사를 하고 있다.

또한 풀뿌리 환경단체 활동가들의 네트워킹을 위한 컨퍼런스도 2년에 한 번씩 연다. 이들은 컨퍼런스를 통해 다양하고 가치 있는 환경 활동을 위한 전략, 기금 활동을 하는 방식, 최신 기술을 이용해 환경 문제를 해결하는 법 등을 배운다.

파타고니아 웹사이트에서는 고객들의 라이프스타일에 기반한 커뮤니티를 맞춤형으로 소개해준다. 서핑과 산악자전거 등을 즐기는 이들은 각각의 커뮤니티에서 다양한 정보를 얻을 수 있다. 흥미로운 사실은 이런 커뮤니티 활동이 단순히 즐기는 것에만 초점이 맞추어져 있지 않다는 점이다. '나는 산악 자전거를 즐긴다. 그래서 내가 사랑하는 산을 지키기 위해서 이런 활동을 한다'라는 스토리가 자연스럽게 강조되고 전달된다.

이들 커뮤니티는 단순히 제품과 관련된 활동 기반을 넘어, 파타고니아의 비전에 동의하는 사람들을 중심으로 성장하고 있다. 결국 파타고니아의 성장 원동력은 '친환경적인 가치'에 동의하고 함께 활동하는 사람들이라 할 수 있다. 그들은 풀뿌리 환경단체의 멤버일 수도 있고, 서핑을 사랑하다 보니 자연스럽게 바다에 관심이 생겨 파타고니아가 진행하는 바다 관련 친환경 활동에 동참하는 사람일 수도 있다.

앞서 언급한 테슬라와 애플, 파타고니아는 그들의 철학과 비전에 동의하는 사람들을 모으고 팬덤을 만들어내는 데 성공했다는 공통점을 가지고 있다. 또한 그들의 성공 스토리에는 스티브 잡스와 일론 머스크, 이본 쉬나드라는 '카리스마 넘치고 추종하고 싶어지는 기업 브랜드를 대표하는 아이콘'이 존재했다. 동시에 이들은 전자기기와 자동차, 야외활동을 위한 옷을 파는 회사가 아닌 '세상을 더 나은 곳으로 만들어가는 혁신적인 회사'라는 비전과 가치관을 고객들에게 전달하는 데 성공했다는 공통점도 갖고 있다.

팬덤을 지닌 브랜드에는
정서적 울림이 있다

성공한 팬덤을 가진 브랜드의 사례를 살펴보면, 기업이 자신들의 팬덤을 만들어내기 위해 무엇을 해야 할지에 대한 인사이트를 얻을 수 있다. 애플과 테슬라, 파타고니아가 강력한 팬덤을 만들 수 있었던 큰 축이 존재한다. 그것은 바로 '정서적 울림'을 주는 가슴 떨리는 비전과 철학을 성공적으로 만들어냈다는 것이다.

팬덤을 형성하는 데 왜 정서적인 울림을 주는 것이 중요할까? 강력한 팬덤을 만드는 중요한 조건 중 하나가 감성에 기반한 대체 불가능한 가치를 만드는 것이기 때문이다.

고객에게 정서적 울림을 주는 3단계

소비자들에게 정서적 울림을 주는 고객 경험은 크게 세 단계로 나눌 수 있다. 가장 기본적인 단계는 '유용한 경험'이다. 제품의 성능이나 서비스가 고객이 느끼는 불편함을 해결해주는 식의 고객 경험을 의미한다. 두 번째 단계는 '차별적 경험'이다. 단순히 불편함을 해소하는 차원을 넘어 보다 차별화된 가치로 고객에게 깊은 인상을 남기는 것이다. 하지만 이러한 경험만으로는 충성도 높은 팬을 확보하기 어렵다. 충성도 높은 팬

124

덤 집단을 형성하려면 최종 단계인 '애착 경험', 즉 정서적 교류를 통해 브랜드에 대해 애착심을 갖는 경지에까지 이르러야 한다.

2014년 삼성은 공격적인 광고를 선보였다. 공항 콘센트 옆에서 노숙자처럼 달라붙어 있는 아이폰 사용자들의 모습과 함께 이들을 '월 허거 Wall Huggers'라고 꼬집으며 '당신은 꼭 이곳에만 있지 않아도 된다'라는 문구를 보여주었다. 이는 아이폰의 짧은 배터리 사용시간과 내장형 배터리의 문제점을 강조한 것이다. 하지만 이 광고로 판세를 뒤집을 수는 없었다. 갤럭시는 CPU 속도, 교체형 배터리, 넓은 화면 크기 등 다양한 기능에서 우세한 면을 보였지만, 아이폰이 제공하는 프리미엄이 담긴 '우월한 정서적 경험'을 넘어서지는 못했다. 다른 안드로이드폰 브랜드도 마찬가지였다.

결국 충성도 높은 팬덤을 만들어내려면 기능에 기반한 차별화를 주는 고객 경험을 넘어서서, 정서적 애착을 느끼게 하는 경험이 필요하다. 이런 애착심은 스티브 잡스나 일론 머스크, 이본 쉬나드 같은 카리스마 넘치는 매력적인 CEO에 의해서 전달된다. 록스타를 좋아하듯 이들 브랜드 아이콘을 추종하는 행위를 통해서 팬들은 정서적 교감을 느낄 수 있다.

혹은 브랜드와의 교감을 통해서도 애착심이 생길 수 있다. 애플스토어를 방문했을 때, 매장 직원과 정서적 교류를 하면서 브랜드를 향한 교감을 느낄 수도 있다. 또한 테슬라 오너들이 TOC를 통해 테슬라가 꿈꾸는 비전에 대해 이야기하면서 강한 정서적 애착심이 생길 수도 있다. 파타고니아가 지속적으로 시행하고 있는 환경운동에 참여해 나의 라이프스타일이 사회를 바꿔나갈 수 있다는 경험을 하면서 브랜드에 대해 강한 동질감을 느낄 수도 있다.

이처럼 브랜드의 정서적 울림에 공감한 사람들이 모이면 커뮤니티가 형성되고 이는 곧 팬덤으로 발전한다. 이들은 해당 브랜드의 철학과 세계관을 좋아하기 때문에 오랜 기간 팬심을 유지한다. 기업은 이들을 위해 비전을 공유하고, 비전을 행동으로 옮기는 데 핵심 역할을 하는 커뮤니티를 직·간접적으로 응원해주어야 한다.

브랜드의 신념과 철학을 지키기 위해 고려해야 할 것들

마케팅 전문가 캐런 프리먼Karen Freeman과 그의 동료는 《하버드 비즈니스 리뷰Harvard Business Review》에 〈고객이 무엇을 원하는지에 대한 3가지 근거 없는 믿음〉이라는 논문을 발표했다. 그 연구 결과는 아주 흥미롭다. 마케터들이 하는 첫 번째 오해는 고객 대부분이 브랜드와 관계를 맺고 싶어 한다는 것이다. 그들의 조사 결과에 따르면, 오직 23퍼센트의 고객만이 특정 브랜드와 관계를 맺고 있다고 느낀다고 응답했다. 나머지 77퍼센트에게 브랜드는 단지 상품일 뿐이고, 그들이 관심이 있는 건 '해당 제품이 할인을 하느냐 마느냐'였다.

두 번째 오해는 고객과의 상호작용이 관계를 형성한다는 것이다. 실상은 응답자의 13퍼센트만이 브랜드와 관계를 형성하고 있으며 빈번하게 상호작용을 한다고 응답했다.

세 번째 오해는 고객과의 상호작용은 많을수록 좋다는 것이다. 하지만 연구 결과에 따르면, 고객과의 상호작용 횟수와 브랜드 충성도는 상관관계가 없다. 고객은 이미 연간 수천 건이 넘는 이메일 공세와 하루에도 수백 가지가 넘는 상호작용을 목적으로 한 마케팅 메시지에 노출되어 있고, 이런 정보의 과부하에 대해서 부정적인 인식을 가지고 있다.

흥미로운 사실은 이 연구 결과에서 강조하고 있는 것이 바로 '가치와 신념의 공유'라는 점이다. '특정 브랜드에 충성도를 가지고 있다'라고 응답한 사람들의 64퍼센트가 그들이 사랑하고 관계를 맺고 있는 브랜드의 신념과 가치에 대해서 이해하고 있으며 그것을 지지하고 있다고 응답했다. 이 연구 결과는 오늘날의 마케터들에게 가장 중요한 것은 가치 있는 신념과 철학을 브랜드 스토리화해서 그것에 동조하는 커뮤니티를 만들어 그 안에서 활동하는 사람들을 찐팬으로 만드는 것임을 강조하고 있다.

브랜드가 사람들을 모아 커뮤니티 활동을 하도록 독려하고 이들 집단을 팬덤화하려면 추종하고 싶어지는 정서적 울림을 주는 비전과 철학을 형성하는 것이 가장 중요하다. 이른바 덕후들은 브랜드가 가진 철학과 세계관에 호감을 느끼면 오랜 기간 팬심을 보인다. 장기적인 관점에서 본다면 기업들에게는 그 철학과 세계관을 지키기 위해서 매출 하락도 받아들이는 배짱이 필요할지도 모른다.

2019년 4월, 파타고니아는 환경 보존을 등한시하는 월스트리트의 금융기업들이 주문한 플리스 조끼 단체복 주문을 거절했다. 당시 블룸버그는 '파타고니아가 월스트리트 유니폼에 철퇴를 가하기 시작했다'라는 기

사를 내보냈다. 플리스 조끼는 월스트리트의 유니폼이라고 할 정도로 금
융기업들의 단체복 주문이 많았다. 하지만 파타고니아는 엄청난 매출이
보장된 이 주문을 엄격하게 재검토한 후, 환경 문제를 일으키는 기업의
단체복 주문은 받지 않겠다고 선언했다. 당시에 파타고니아는 단기적으
로 손실을 입었지만, 환경을 중시하는 충성도 높은 팬들의 수는 더 늘어
났을 것이다.

2022년 9월, 파타고니아의 CEO 이본 쉬나드는 《뉴욕타임스》와의 인
터뷰에서 자신과 가족이 보유한 30억 달러(한화 약 4조 원) 규모의 회사 지
분을 모두 비영리기관과 재단에 넘겼다고 밝혔다. 뿐만 아니라 연 1억 달
러에 달하는 파타고니아의 수익도 모두 환경보호 활동에 쓸 예정이라고
발표했다. 새로운 형태의 자본주의에 선한 영향력을 미치고 싶다는 이본
쉬나드의 말과 행동에 파타고니아 팬들은 다시 한번 열광했다.

이처럼 충성도 높은 팬을 만들기 위해서는 자사의 비전이 얼마나 정서
적 울림을 줄 수 있으며, 추종하고 싶을 정도로 매력적인지를 파악해야
한다. 테슬라의 TOC처럼 비전을 공유하고 실질적인 행동으로 옮기는 것
을 진행하는 커뮤니티가 조직되어야 하고, 이를 직간접적으로 응원해주
어야 한다.

제품과 서비스를 이용하는 고객은 좋은 물건과 서비스를 제공하는 것
만으로도 충분히 확보할 수 있지만, 브랜드의 팬덤은 추종하고 싶은 비
전과 철학에 의해서 만들어지는 경우가 많다. 이제 기업들은 앞다투어
자신만의 팬을 만들어야 한다. 이를 위해 정서적으로 교감하고 추종하고

싶은 아이코닉한 인물이 존재하거나 제품과 브랜드에 정서적 애착을 가질 수 있는 계기를 제공해야 할 것이다. 그것이 테슬라와 애플, 파타고니아 같은 기업들이 팬덤을 유지하는 비결이다.

감정이입 가능한 타깃 페르소나를 설정하라

핵심 고객을 팬덤으로 만들어 브랜드를
지속적으로 응원하게 할 수 있을까?

    기업이 커뮤니티 구성원들에게 소속감을 부여하기 위해 가장 많이 사용하는 전략 중 하나는 핵심 커뮤니티 멤버들이 감정이입을 하도록 '타깃 페르소나^{Target Persona}'를 설정하는 것이다. 커뮤니케이션 전략에서 페르소나 설정은 기업이 그들의 제품과 서비스를 타깃으로 하는 소비자들을 대변하는 이상적이고 구체적인 가상의 인물이나 캐릭터를 만드는 것을 의미한다.

    이와 관련한 대표적인 사례가 2018년에 서비스를 시작한 뉴스레터형 뉴미디어 뉴닉^{NEWNEEK}이다. '밀레니얼 세대와 세상을 연결한다'라는 핵심 미션을 내세운 뉴닉은 이메일을 기반으로 국내외 시사정치 뉴스를 젊은 디지털 네이티브들에게 친근한 톤앤매너로 전달하고 있다. 뉴닉은 구독형 서비스이기 때문에 그들의 콘텐츠에 적극적으로 반응해줄 밀레니얼 세대를 타깃팅할 필요가 있었다. 그래서 서비스를 론칭하기에 앞서, 그들의 핵심 구독자층을 대표할 수 있는 '바쁘게 살지만 세상 돌아가는 것을 궁금해하는 밀레니얼 세대'를 대표하는 '민지 씨'라는 가상인물을 만들었다.

민지 씨가 밀레니얼 세대를 대표하게 된 이유

뉴닉은 론칭 기획 시점부터 중요한 의사결정을 할 때마다 '이런 정보 전달 방식을 민지 씨가 좋아할까?'라는 질문을 끊임없이 던지며 서비스 방향을 설정했다. '민지 씨'라는 핵심 타깃의 페르소나를 정하고, 구독자들이 민지 씨 캐릭터에 자신을 대입하고 적극적으로 뉴닉과 소통할 수 있도록 돕는다.

구독자들의 피드백을 중요하게 생각하는 뉴닉은 이를 적극적으로 반영하는 것으로 유명하다. 예를 들어 구독자들이 '좀 더 스스로 생각하고 싶다'라는 피드백을 주자, 초창기에 있던 에디터 코멘트를 삭제했다. 광고주 선정 기준을 마련할 때도 설문조사를 통해 구독자들의 피드백을 받아 일정 부분 반영한다. 이러한 과정을 통해서 '뉴닉은 민지 씨에게 맨날 묻는다'라는 선언이 실제로 이루어지고 있다는 인식이 퍼지면서 구독자도 늘어나기 시작했다.

MZ세대가 민지 씨에게 좀 더 편안하게 감정이입을 할 수 있도록 별도의 캐릭터도 만들어냈다. 바로 고슴도치를 형상화한 '고슴이' 캐릭터다. 뉴닉의 데일리 뉴스는 이 귀여운 캐릭터 고슴이를 통해서 전달된다. 고슴이는 의도적으로 '~했슴', '~해요' 같은 대화체는 물론 각종 의성어와 신조어도 많이 사용한다. 구독자와 같은 세대인 고슴이를 통해 함께 성장하고 있다는 느낌을 주려고 노력하는 것이다. 뉴닉 1주년에는 구독자를 초대해 고슴이 돌잔치를 열었고, 아티스트 겸 작가 요조와 함께 '뉴닉 송'을 만들어 온라인 라이브 행사에서 공개하기도 했다. 이외에도 고슴이 팬클럽을 창단해 팬사인회 등 다양한 오프라인 행사를 열고 있다.

뉴닉과 같은 구독형 멤버십 비즈니스가 구독자를 잡아두려면 콘텐츠를 수동적으로 전달하는 관계에서 탈피해 구독자층에 맞는 커뮤니티 형성에 공을 들여야 한다. 즉 그들의 핵심 구독자층이 감정이입을 할 수 있는 구체적인 타깃 페르소나를 다양한 방식으로 만들어 적극적으로 소통하는 것이다. 최근에는 제조 기반의 비즈니스를 하는 곳들도 커뮤니티의 가치를 만들어내기 위해 공을 들이고 있다. 편의점 GS25도 핵심고객을 팬덤으로 만들기 위해 타깃 소비자들이 감정이입하는 가상의 페르소나를 만들어 적극적으로 소통하고 있다.

갓생기획실에는 공감이 있다

편의점 수가 늘어날수록 브랜드 간의 경쟁은 더욱 치열해지고 있다. 편의점의 점포 수가 1만 개 이하일 때는 '거리적 접근성'이 차별화된 경쟁력 중 하나였다. 하지만 전국 편의점 수가 5만 개인 시대에는 또 다른 차별화된 요소가 필요하다. 그 핵심적인 차별화 요소 중 갈수록 중요성이 커지고 있는 것이 바로 브랜드에 애착심을 가지는 팬덤을 만드는 것이다. '좀 더 걸어가더라도 이왕이면 ○○○에 가야지'라고 생각하는 팬덤을 만들 수 있느냐가 오늘날 편의점 사업의 이슈다.

GS25는 MZ세대를 팬덤화 대상으로 설정하고, 그들이 감정이입할 수 있는 타깃 페르소나인 '김네넵' 캐릭터를 만들어 활발하게 마케팅 활동을 벌이고 있다. GS25는 2021년 2030세대 직원들로만 구성된 신상품 개발 프로젝트 '갓생기획'을 출범했다. '갓생'은 신을 뜻하는 영어 '갓God'과 '인생'을 합친 신조어로 40대 이상에게는 낯선 단어다. '훌륭한 인생', '이상적인 인생'을 뜻하지만, MZ세대에게는 현실에서 소소한 행복을 추구하면서 성실하게 살아가는 삶을 뜻하는 의미로 사용된다.

'갓생기획' 프로젝트의 가장 중요한 목표는 GS25의 MZ세대 직원들이 직접 그들의 삶에서 가장 필요한 물품 중 편의점에서 팔았으면 좋겠다고 생각하는 신제품을 개발하는 것이다. 그래서 기획된 제품이 틈새오모리김치찌개라면, 노티드우유 등 60여 개가 훌쩍 넘는다. 또한 MZ세대가 갓생기획에서 만든 제품에 지속적인 관심을 갖고, 제품 개발에 팔로우업하면서 주기적으로 GS25 편의점을 방문할 수 있도록 감정이입할 대상도 만들었다. 갓생기획에서 기획 업무를 담당하는 가상의 20대 '김네넵'과 그가 키우는 티베트 여우인 '무무씨'다.

특이한 점은 캐릭터를 만드는 것에 그치지 않고, 이들을 중심으로 한 실제 공간도 주기적으로 오픈하고 있다는 것이다. 2022년 5월 서

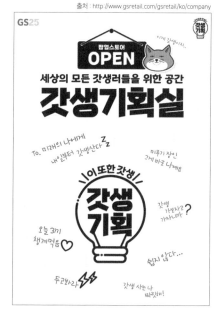

출처 : http://www.gsretail.com/gsretail/ko/company

GS25에서 출범한 갓생기획 프로젝트의 팝업스토어 홍보 포스터.

올 성수동의 한 GS25 편의점 맞은편에 '갓생기획실'이란 공간을 열었는데, 바로 김네넵이 근무하는 공간과 살고 있는 집이다.

갓생기획실을 방문하면 '사무실', '탕비실', '퇴근길 상점', '집 속의 방'이란 공간이 있다. 방문객은 가상의 페르소나 김네넵이 매일 출근해서 하루를 시작하는 공간에서 그의 책상과 업무 수첩 속 주간 회의부터 제빵학원 상담 같은 개인적인 스케줄까지 볼 수 있다. 이 공간을 통해 GS25가 전달하고자 하는 것은 바로 '공감'이다. 갓생기획실 방문객들은 자신과 비슷한 나이와 환경에서 일하는 김네넵을 통해 그가 만든 제품에 대한 정보를 자연스럽게 얻고 친근감을 느끼게 된다.

브랜드가 그들을 지속적으로 응원하는 커뮤니티를 만들기 위해서는 커뮤니티 멤버들이 해당 커뮤니티에 대해 소속감을 느끼게 하는 것이 무엇보다 중요하다. 이를 위해서는 소비자들의 공감을 얻을 수 있도록 그들을 대변하는 타깃 페르소나를 만들 필요가 있다.

고객과 쌍방향으로 교류하는 커뮤니티

'내가 그의 이름을 불러주었을 때 그는 나에게로 와서 꽃이 되었다'라는 김춘수 시인의 시 〈꽃〉의 그 유명한 구절은 커뮤니티 운영에 있어서 시사하는 바가 크다. 커뮤니티 멤버들에게 소속감을 심어주기 위한 또 다른 전략은 '멤버들에게 사적인 경험을 할 수 있는 기회를 주는 것'이다. 커뮤니티 멤버 한 명 한 명의 이름을 불러주고 소중하게 대해주면, 그들이 모여 단단한 결속력을 지닌 커뮤니티로 성장할 수 있다.

이 전략으로 성공한 브랜드가 바로 비마이비^{Be my B}다. 야구와 맥주 그리고 브랜드에 진심인 사람들이 토요일 아침마다 모이는 모임에서 출발해, 지금은 마케터와 기획자들 사이에서 국내 최대 브랜드 커뮤니티 플랫폼으로 성장했다.

비마이비를 창업한 우승우, 차상우 두 대표는 세계 최대의 브랜드 컨설팅 회사인 인터브랜드에서 만났다. 두 사람은 삼성라이온즈와 LG트윈스 팬으로 야구를 아주 좋아한다는 공통점이 있었다. 야구^{Baseball} 이야기로 시작된 대화는 자연스럽게 맥주^{Beer}와 책^{Book}으로 이어지면서, 자신들의 공통 관심사가 모두 알파벳 B로 시작한다는 것을 알게 된다. 이후 같은 주제에 관심을 가진 사람들을 모아 B로 시작하는 브랜드에 대해 다양한 이야기를 나누는 소모임을 토요일마다 갖기로 했다. 2017년 3월 비마이비는 그렇게 10명 내외의 소모임으로 시작했다.

비마이비는 브랜드 경험 커뮤니티 플랫폼을 지향한다. 우리는 누구나 특별하지는 않더라도 좋아하는 브랜드가 하나쯤은 있고, 각자의 라이프스타일을 둘러싼 물건과 서비스 모두 브랜드를 지니고 있다. 그러므로 좋아하는 영화나 드라마에 대해 잡담을 나누는 것처럼 좋아하는 브랜드에 대해 타인과 이야기를 나누는 것도 어렵지 않다. 이제 비마이비는 별도의 홍보비 없이 자발적인 바이럴만으로도 6000명의 회원(2022년 6월 기준)을 가진 국내 최대의 브랜드 커뮤니티로 성장했다. 주말 오전에 소수의 사람들이 모여 좋아하는 브랜드를 이야기하는 것으로 시작된 이 모임은 어떻게 5년 만에 이런 놀라운 성장을 이룰 수 있었을까?

가장 큰 비결은 비마이비가 오랫동안 고수해온 모임 원칙에 있다. 첫 모임에서는 참가자 한 명 한 명의 이야기를 직접 듣는 시간을 반드시 가진다. 이런 과정을 통해 참가자들은 커뮤니티의 주변부에 머무는 것이 아니라 강한 소속감을 느끼게 되고, 이런 경험이 반복되면서 자연스럽게 적극적으로 활동하는 주체가 된다.

비마이비는 '가상세계의 브랜드 전략', '브랜드가 세계관에 적극적이어야 하는 이유는?' 등 브랜드 관련 주제 세션을 운영하면서 에어비앤비와 같은 핫한 스타트업부터 빙그레의 '바나나맛우유'처럼 최근 젊은 세대에게 인기 있는 중견기업 이상의 브랜드 담당자를 스피커로 초대하는 세션도 마련한다.

필자도 많은 세션에 스피커로 초대되어 강연을 했는데, 대개 스피커들은 현장에서 청중이 누구인지, 그들이 어떤 생각을 갖고 참가하는지는 알기 어렵다. 그런데 비마이비에서는 세션 초반에 청중이 각자 자기 소개를 하기 때문에, 스피커는 자연스럽게 그들을 의미 있는 사람들로 인식하게 된다. 외부에서 초대된 스피커 역시 청중 개개인을 각인하면서 상호소통하는 방식으로 강연을 하게 되니, 그 과정에서 예기치 않은 소속감을 느끼게 되는 것이다. 이런 작지만 의미 있는 과정을 반복하면서 비마이비는 오늘날 탄탄한 브랜드 커뮤니티로 성장하게 된 것이다.

대부분의 커뮤니티 방문객은 기업이 운영하는 일반적인 커머스 사이트나 오프라인 매장을 방문한 것처럼, 익명의 소비자로서 자신을 드러내지 않고 물건만 구매하고 떠나는 일방향의 소통을 한다. 하지만 성공한 커뮤니티에서는 특정한 주제에 흥미를 갖고 들어온 방문자가 왜 해당 주제에 흥미를 가지게 되었는지와 그 주제에 대한 생각을 묻고 교류하는 소통이 이루어진다. 그런 쌍방향 교류를 통해 커뮤니티 방문자는 익명의 존재가 아닌 주체적인 활동자로 변모할 수 있다. 그래서 커뮤니티 멤버 개개인이 해당 커뮤니티에서 지극히 사적인 경험을 많이 하도록 허용하는 전략은 중요하다.

샤오미의
효과적인 팬덤 관리법

최근 기업들은 커뮤니티 참여자들의 의미 있는 활동을 늘리기 위해 '댓글 활동'을 장려하는 전략을 사용하고 있다. 디지털 커뮤니티에 참여한 모든 사람이 주체적이고 적극적으로 자신의 이야기를 담은 콘텐츠를 공유하면 좋겠지만 실상은 그렇지 않다. 그런 이유로 최소한 댓글 참여 형태로 커뮤니티에서 자신의 흔적을 남기도록 만드는 것이 중요하다. 한마디로 의견을 개진하거나 특정 활동을 하지 않은 채 묵묵히 구경만 하는 '눈팅족'을 줄여야 한다.

'익스트림 무비'가 코어 팬덤층을 만들어나가는 법

국내 최대 영화 마니아 커뮤니티인 '익스트림 무비Extreme Movie'는 영화감독과 배우 그리고 평론가와 번역가 등 업계 전문가뿐 아니라, 영화를 좋아하는 다양한 성향의 사람들이 활발하게 영화와 관련된 글을 올리는 커뮤니티다. 익스트림 무비는 커뮤니티의 성장을 위해 자발적으로 자신의 의견을 콘텐츠화해서 올리는 찐팬을 늘리고, 눈팅족의 참여를 확장하는 데 집중하고 있다. 이 두 목표를 동시에 달성하기 위해서 리워드 형태의 포인트를 주는 방식을 '추천'을 누르는 것이 아닌, '댓글'을 다는 형태와 결합해 운영 중이다.

익스트림 무비를 자주 방문하는 사람들은 다른 곳에서 얻지 못하는 영화 정보를 읽고 싶어 하는 마니아일 가능성이 크다. 이들은 자신을 만족시키는 글을 자발적으로 꾸준하게 써주는 커뮤니티 멤버들이 존재해야만 양질의 영화 정보를 얻을 수 있다는 것을 잘 알고 있다. 그런 이유로 만족스러운 글이 올라오면 추천 버튼뿐 아니라 댓글을 다는 활동도 겸한다. 주기적으로 이 커뮤니티에서 활동하다 보면, 열심히 자발적으로 영화 정보를 올리는 이들이 누구인지 알게 되고 그를 응원하고 싶어져서 댓글 형태로 글을 남기는 행위를 자연스럽게 하게 된다.

이런 규칙을 통해서 눈팅족은 로그인을 하고 좋은 글에 단 한 줄이라도 응원 댓글을 달아주면서 조금씩 자신의 글도 올리는 활발한 코어 커뮤니티 팬으로 변화한다. 결국 소속감은 속해 있는 커뮤니티 내에서 멤버 스스로가 사적인 경험을 단 한 번이라도 해보는 것에서 시작된다. 커뮤니티가 멤버에게 이름을 부여하고 반복해서 불러주어 그가 자발적으로 참여할 기회를 줌으로써, 그는 익명의 눈팅족이 아닌 코어 팬덤층으로 성장해나갈 수 있다.

단 한 번이라도 제품을 구매한 자는 영원한 팬이 된다

한 번 제품을 구매한 고객이 소속감을 느낄 수 있도록 지속적으로 치밀하게 관리하는 기업이 있다. 바로 샤오미 Xiaomi 다. 기술과 디자인 측면에서 샤오미보다 더 뛰어난 IT기업은 많다. 하지만 샤오미보다 더 커뮤니티 형성을 통해 진성 팬덤을 효과적으로 관리하는 회사는 많지 않다. 샤오미의 성공에 가장 큰 역할을 한 것은 '미펀米粉'이라고 불리는 샤오미 팬덤집단이다. 최근 샤오미가 운영하는 커뮤니티 플랫폼을 살펴보면, 샤오미의 효과적인 팬덤 관리가 지속적으로 진화하고 있음을 알 수 있다.

　샤오미는 중국 내륙 고객을 대상으로 하는 커뮤니티인 '샤오미셔취小米社'와 글로벌 고객을 대상으로 하는 '샤오미 커뮤니티Xiaomi Community'를 운영하고 있다. 이 공식 커뮤니티의 기본적인 포맷은 유사하지만 샤오미셔취가 좀 더 실시간 소통 기능을 강조하고 있는 반면, 글로벌 공식 커뮤니티는 제품 출시와 같은 공식적인 콘텐츠를 우선적으로 노출한다는 차이점이 있다.

　샤오미셔취의 정보 게시판에는 샤오미가 지금까지 생산하고 판매해온 모든 제품에 대한 정보가 완벽하게 담겨 있다. 즉 아무리 오래된 제품을 갖고 있는 고객이라 해도 모두 팬으로 만들겠다는 샤오미의 의지가 반영되어 있다. 스마트폰 카테고리에 들어가면 지금까지 샤오미가 판매해온 72개의 스마트폰 제품에 대한 커뮤니티들이 개별적으로 존재한다. 최근 출시된 샤오미 12T 프로 커뮤니티를 클릭하면, '자랑하기'와 같은 기능을 통해 자신의 휴대전화를 꾸미고 활용하는 방안을 자유롭게 올릴 수 있다.

　흥미로운 사실은 샤오미의 운영체계인 'MIUI 커뮤니티'에 들어가면, '테크닉 가지고 놀기'와 같은 기능 탭을 이용해 샤오미의 개발자들이 의도적으로 숨겨놓은 일종의 '이스터 에그Easter Egg' 형태의 OS 기능들을 팬들이 스스로 찾아 다른 멤버들에게 알리는 세션이 존재한다는 점이다. 샤오미의 젊은 팬들이 수동적인 소비 계층으로 머물지 않고 그들이 좋아하는 브랜드와 적극적으로 소통할 수 있는 세션이다.

'미펀이 있기에 샤오미가 있다'라는 공식 슬로건이 있을 정도로, 샤오미에게 커뮤니티를 통한 팬덤 관리는 기업 성장에 있어서 가장 중요한 차별화 포인트다. 출시 전인 '스마트카'를 위한 카테고리를 만들고 SNS에서 지지층을 모으자, 1만 명이 넘는 팬이 모여들었다. 여기에서 샤오미의 스마트카를 고대하는 팬들은 자신들의 기대와 욕구를 반영한 다양한 의견을 주고받고 있다. 샤오미는 이런 커뮤니티 팬덤을 통해서 얻은 데이터를 기반으로 스마트카에 대한 다양한 전략들을 수립하고 있다.

2022년 2월, 샤오미의 CEO인 레이쥔雷軍은 애플과 경쟁해서 3년 안에 중국 최대 프리미엄 스마트폰 브랜드가 되겠다고 선언했다. 많은 전문가들은 이 목표를 달성하기 위한 샤오미의 경쟁력을 디지털 커뮤니티에 기반한 팬덤에서 찾는다. 샤오미의 커뮤니티 전략은 '제품이나 서비스를 성공적으로 판매하고 난 후부터가 진짜 시작'이라는 점을 잘 보여주고 있다. 단 하나의 제품을 구매한 고객이라도 평생 고객으로 생각하고, 해당 고객의 오래된 제품을 위한 정보 세션을 구성해서 운영하고, 그들이 남긴 의견을 정성스럽게 다루는 샤오미의 전략은 작지만 의미 있는 팬덤을 만들고자 하는 모든 이에게 시사하는 바가 크다.

그 어떤 거대한 커뮤니티도 시작은 미미하다. 그리고 커뮤니티를 활성화하고 브랜드에 이익을 가져다주는 선순환의 고리를 만드는 데 필요한 것은 코어 팬층이다. 작지만 의미 있는 팬층을 만들어내려면 그들이 누구인지 정확하게 파악하고, 그들이 감정이입할 수 있는 대상을 초반부터 만들어주어야 한다. 이런 이유로 페르소나 캐릭터가 만들어진다. 이와 함께 커뮤니티 내에서 소속감을 느낄 수 있는 시작 포인트를 장려하는 시스템을 만들어야만 한다.

글로벌 뷰티숍 세포라가 처음 가입한 사람들을 적극적으로 소개하면서 그들을 콘텐츠 생산의 주체로 자연스럽게 이끄는 시스템을 만든 것과 게임회사 엔씨소프트가 재미있는 커뮤니티 가입 테스트를 통과한 이들에게 자기만의 캐릭터를 꾸밀 수 있게 하는 것이 대표적인 사례다. 세포라는 자체 운영하는 커뮤니티 '뷰티 인사이드'에 새로 가입한 회원이 소외되지 않고 적극적으로 활동하는 찐팬으로 자리 잡을 수 있도록 최선의 노력을 다한다. 우선 사용자가 커뮤니티에 가입하면, 간단한 절차를 통해 커뮤니티에서 적극적으로 활동할 수 있다고 독려한다. 'Hey there! New Here!'라는 메뉴를 만들어놓고, 해당 메뉴를 클릭하면 영상이나 텍스트 형태로 3단계 가이드를 밟게 해 커뮤니티 멤버로서 활발하게 활동하도록 돕는다. 눈에 띄는 것은 신입 멤버가 자기소개를 하는 '신입 멤버 월요일New Member Monday'이라는 마지막 단계다. 매달 첫째 월요일에 신입 멤버의 소개글이 커뮤니티 게시판에 올라오는데, 신입 멤버가 댓글 형태로 자신을 소개하면 기존 회원들이 자연스럽게 환영 댓글을 남기도록 유도한다. 이런 일련의 과정을 통해 새롭게 가입한 가입자는 그냥 방치되지 않고 커뮤니티 안에서 개인화된 사적인 경험을 한 번이라도 하게 되고, 마침내 소속감을 갖게 된다.

커뮤니티 가입자는 이런 과정을 통해 눈팅족에서 벗어나, 서서히 커뮤니티 내에서 적극적으로 개인적인 경험을 하는 주체적인 활동자로 변화해나간다. 이와 함께 지속가능한 커뮤니티를 만드려면 단 한 번이라도 제품이나 서비스를 경험한 고객이 평생 소속감을 느낄 수 있도록 끝까지 관리해야 할 것이다.

함께
만든다는
참여감을
제공하라

**고객에게 다양한 참여 기회를 제공하고
혁신을 거듭하는 이케아와 레고**

    앞서 소개한 테슬라와 애플 그리고 파타고니아는 사람을 끌어당기는 매력적인 비전을 성공적으로 보여줌으로써 그 비전에 동조하는 자발적인 커뮤니티 집단을 만들어냈다. 이제부터 이러한 비전을 통해 형성된 커뮤니티의 진정한 비즈니스적 가치는 무엇인지에 대해 살펴보자.

    전기차와 같은 복잡한 첨단기술 기반의 제품을 만드는 테슬라는 왜 사회적 가치에 기반한 비전을 만들어내고, 이에 동조하는 TOC와 같은 커뮤니티를 운영하는 것을 중요하게 생각할까? 지속적으로 성장하는 기업이 되기 위해서는 자발적으로 집단지성을 공유해주는 사용자들이 존재해야만 하기 때문이다.

커뮤니티는 자발적 참여로 만들어진다

사실 테슬라는 자동차 회사라기보다는 움직이는 '모빌리티 데이터 플랫폼'이라 할 수 있다. 테슬라 자동차에 탑승한 사람들은 차량을 구매한 후, 지속적으로 무료 소프트웨어 업데이트 서비스를 제공받는다. 그런데 이러한 소프트웨어 업데이트를 가능케 하는 기술 혁신의 핵심은 상당 부분 사용자들이 제공하는 데이터에 있다.

예를 들어 테슬라를 타고 강원도의 어느 터널에 들어갔는데 자율주행 기능 중 특정 부분이 문제를 일으킨다면, 이 차량의 이용자는 간단한 '보이스 커맨드' 기능을 통해 운전을 하면서 해당 지역에서 발생한 문제를 보고할 수 있다. 그리고 이런 데이터들은 자동으로 테슬라의 중앙 데이터 처리 시스템에 전송되어 문제의 원인을 파악하는 데 활용된다.

이용자 입장에서는 자신이 보고한 버그가 적극적으로 다루어지고 문제 해결로까지 이어지는 것을 보면서, 자신이 자율주행 기술 혁신에 기여한다는 '참여감'을 느끼게 된다. 나의 리포트들이 모여서 출퇴근길이 안전해지고 더 나아가 테슬라가 보다 혁신적인 자율주행 서비스를 제공할 수 있도록 도움을 준다고 생각하면 자연스레 '애착심'도 갖게 된다.

테슬라와 기존 내연기관 자동차의 가장 큰 차이점은 테슬라가 아이폰과 같은 스마트폰처럼 끊임없이, 업데이트되는 고객 경험을 전달해준다는 점이다. 아이폰은 구매 후 일정 기간 동안 소프트웨어 업데이트를 무료로 지원해준다. 테슬라도 지속적인 소프트웨어 업데이트를 통해 구매 이후 향상되는 차량 서비스를 지속적으로 누리게 해준다. 그리고 이런 업데이트는 사용자들이 자발적으로 남기는 데이터가 결집된, 즉 집단지성에 의해서 더욱 가속화될 수 있다.

테슬라는 자신들에게 호의적인 데이터를 지속적이고 자발적으로 제공해주는 팬을 만드는 것이 성장의 원동력임을 잘 알고 있다. 그런 이유로 테슬람을 끊임없이 만들어내고, 커뮤니티 안에서 테슬라의 가치를 높이는 모든 활동에 즐겁게 참여할 수 있도록 독려하고 있다.

이처럼 커뮤니티가 진정한 가치를 지니기 위해서는 그 안에서 사람들이 자발적으로 브랜드 친화적인 행위를 이어나갈 수 있게 유도해야 한다. 오늘날 기업들은 커뮤니티의 멤버들이 제품 및 서비스와 다양한 방식으로 상호소통하며 참여감을 느낄 수 있도록 적극적인 노력을 기울이고 있다.

이케아는 왜 브랜드 해킹을 장려할까

해킹은 불순한 의도로 다른 사람의 컴퓨터 시스템이나 통신망에 접근해 범죄 행위를 하는 것이다. 그런데 이런 해킹을 소비자들에게 장려하며 이를 기반으로 혁신을 일으키는 회사가 있다. 세계적인 가

구회사 이케아의 이야기다. 이케아는 소비자들이 '브랜드 해킹^{Brand} Hacking'을 하도록 장려한다. 브랜드 해킹이란, 기업의 제품이나 서비스를 만든 사람들의 의도와는 전혀 다른 방향으로 소비자가 적극적으로 자신의 창의적인 생각을 통해 바꾸는 행위다.

실제로 다양한 브랜드들을 해킹하는 소비자를 쉽게 찾아볼 수 있다. 자신이 좋아하는 레고 피규어에 LED를 넣어서 해킹하는 것이 대표적이다. TV 예능 〈미운오리새끼〉에 출연한 한 연예인은 소주를 너무 사랑해서 소주병 300개로 크리스마스트리를 만들었는데 이것도 일종의 브랜드 해킹이라 할 수 있다. 많은 브랜드가 이런 해킹을 적극적으로 유도하지만, 그중 가장 오랜 기간에 걸쳐 이를 장려해온 회사가 이케아다.

이케아 가구의 가장 큰 특징은 '플랫팩^{Flat Pack}', 즉 완성되지 않은 가구 부품을 납작한 상자에 담아서 소비자들에게 배달하는 서비스에 있다. 플랫팩은 이케아의 강력한 차별화 요소로 작용한다. 플랫팩 형태로 저장하면 보관이 쉽고 공간 효율성을 높일 수 있으며, 배송 시 파손 위험이 적고 비용을 절약할 수 있다. 이런 이유로 이케아는 경쟁업체보다 질 좋은 가구를 훨씬 더 저렴하게 팔 수 있는 것이다.

플랫팩의 또 다른 장점은 대부분 완제품 상태로 판매되지 않기 때문에 고객이 자기 의도에 맞춰 모양이나 용도를 변경할 수 있는 여지가 크다는 점이다. 이처럼 고객이 직접 가구를 조립하면서 성취감을 느끼고 해당 가구에 강한 애착심을 갖게 되는 긍정적인 효과, 이른바

'이케아 효과IKEA Effect'가 생긴다.

브랜드 해킹의 확장성은 고객들이 해킹 아이디어를 공유할 수 있는 브랜드 커뮤니티가 얼마나 잘 형성되어 있느냐에 달렸다. 이케아의 경우 오래전부터 브랜드 해킹을 하는 이들이 모여서 자발적으로 운영하는 커뮤니티가 존재한다. 2006년 말레이시아 출신의 프리랜서 카피라이터 메이메이 얍Mei Mei Yap이 '이케아 해커스IKEA Hackers'라는 온라인 커뮤니티를 개설했다. 이를 계기로 다양한 사람들이 모여 자신이 창의적으로 해킹한 작품들을 공유하기 시작했다. 이 온라인 커뮤니티는 현재 가장 활발하게 움직이는 브랜드 해킹 커뮤니티 중 하나로 성장하고 있다.

이 온라인 커뮤니티 플랫폼에는 좋은 해킹 아이디어를 가진 소비자가 자신의 해킹 과정을 담은 사진과 글을 게시글 형태로 올리거나, 플랫폼 관리자들이 좋은 사례들을 찾아서 올리기도 한다. 매년 투표를 통해 '올해 최고의 작품'을 선정하는 등 다양한 방법으로 소비자들의 참여를 독려하고 있다. 해킹을 해보고 싶지만 어떻게 시작해야 할지 모르는 초보자에게는 주기적으로 해킹에 유용한 정보들을 보내준다.

이 사이트에서는 해킹에 대한 별다른 지식이 없더라도 누구나 자신만의 창의적인 스타일로 이케아 가구를 해킹할 수 있도록 자세한 가이드를 제공한다. 가장 인기 있는 카테고리를 큐레이션해 제공해하기도 하고, 해킹에 필요한 재료들을 구매할 수 있도록 게시글 하단에 아마존의 제품 구매 페이지를 연동해두었다. 또한 해당 커뮤니티에 게시된 모든 이미지는 이미지 공유 플랫폼인 핀터레스트^{Pinterest}에 스크립되게 해두었다. 이외에도 다양한 소셜미디어 플랫폼에서 이케아 해킹을 도와주는 각종 사이트를 쉽게 찾을 수 있다.

이러한 브랜드 해킹을 통해 이케아가 누리는 효과는 다양하다. 우선 초개인화 시대에 소비자는 자신의 욕구를 충족시키는 커스터마이징 가구를 소유할 수 있으며, 규격화되고 대량생산된 이케아의 제품들은 세상 어디에서도 볼 수 없는 개성을 가진 작품으로 변모해 독특한 브랜드 이미지를 구축할 수 있다. 비즈니스 확장 측면에서도 도움이 된다. 이케아 가구를 해킹하는 사람들이 늘어나자, 이케아 가구를 전문적으로 해킹해주는 업체들이 생겨나기 시작했다.

세미핸드메이드^{Semihandmade}는 이케아 주방가구를 소비자가 원하는 방식으로 전문적으로 해킹해서 리폼해주는 서비스를 제공한다. 특정 부문만 해킹해주는 회사들도 점차 늘어나고 있다. 프리티페그스^{Prettypegs}는 이케아에서 구매한 오래된 소파나 캐비넷의 다리 부분을 수백 가지 형태와 색상으로 새롭게 커스터마이징해주는 서비스를 제공한다. 이렇듯 전문적인 해킹 서비스가 확장됨에 따라 이케아의 오리지널 제품 역시 그들이 상상한 것 이상으로 확장되어 다양한 형태로 사용되고 있다.

뿐만 아니라 해킹 과정 자체가 흥미로운 콘텐츠가 되어 소셜미디어에서 엄청난 콘텐츠 바이럴 효과를 누리고 있다. 비즈니스 뉴스레

이케아 주방가구 리폼 서비스업체 세미핸드메이드의 홈페이지에 게시된 가구 사진.

터 전문지《더 허슬The Hustle》의 2021년 6월 기사에 따르면, 틱톡TikTok
에 '#ikeahacks'라는 해시태그가 걸린 동영상이 자그마치 6400만 건
이고, 인스타그램에도 50만 건 이상의 콘텐츠가 게재되어 있다. 유튜
브에서도 수천 건의 이케아 해킹 관련 영상물이 업로드되어 있으며
조회 수는 1억 건이 넘는다. 이런 콘텐츠를 접한 후에 실제로 이케아
해킹에 참여한 일반인의 수도 자연스럽게 증가하고 있다.《더 허슬》
이 1206명을 대상으로 실시한 설문조사에 따르면, 이케아 제품을 직
접 해킹해본 경험이 있다고 대답한 사람의 비율은 57퍼센트로 절반
을 넘어섰다.

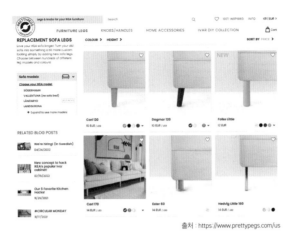

출처 : https://www.prettypegs.com/us

프리티페그스는 이케아에서 구매한 가구를 새롭게 커스터마이징해주는 서
비스를 제공한다.

오늘날과 같은 개방형 혁신의 시대에는 고객을 능동적인 참여의
주체로 변모시켜야 한다. 이들이 모일 수 있는 생태계 플랫폼을 만들
어서 자발적으로 남긴 아이디어와 데이터를 기반으로 혁신적인 제
품을 내놓는 것이 중요해졌다. 이케아의 경우, 고객들의 다양한 해킹
아이디어를 공유하고 초보자도 손쉽게 해킹할 수 있도록 돕는 내부
커뮤니티와 함께 전문적인 지식으로 해킹의 수준을 높여주는 외부
커뮤니티들이 향후 더 중요한 역할을 할 것이다. 이케아처럼 고객들
에게 다양한 참여 기회를 제공해서 혁신을 거듭하고 있는 기업이 어
떻게 성장하는지 주목할 필요가 있다.

어린이를 위한 메타버스를 만든 레고

2014년 주간지 《타임Time》은 지금까지 인간이 만든 가장 영향력 있는 장난감 순위를 발표했다. 당시 스타워즈 피규어, 지아이조, 바비 인형과 같은 쟁쟁한 장난감들을 제치고 1등으로 꼽힌 것은 바로 레고Lego다. 레고가 인기 있는 이유는 몇 개의 블록으로 무한대의 조합을 만들 수 있기 때문이다. 기본적인 2×4 블록으로 9억 개가 넘는 다양한 조합을 만들어낼 수 있다고 하니 한계가 없는 창의력을 길러주는 장난감이라고 할 수 있다.

과거의 레고는 어린이의 상상력을 키워주는 조립 장난감에 불과했지만, 디지털 시대를 맞은 레고는 혁신을 통해서 끊임없이 변화하며 성장하고 있다. 특히 다양한 기술을 제품과 연계해 고객이 자신만의 방식으로 창의성을 발휘할 수 있도록 했다.

대표적인 예로 2021년 1월 유니버설뮤직그룹Universal Music Group과 함께 공동개발한 레고 비디요LEGO VIDIYO 시리즈가 있다. 증강현실AR 기술을 기반으로, 고객이 직접 자신이 원하는 방식으로 레고 제품을 활용해 다양한 뮤직비디오를 만들 수 있도록 한 것이다. 과거의 레고가 블록 위에 가상의 이미지를 덧붙여 휴대전화로 촬영하는 정도의 서비스를 제공했다면, 레고 비디요는 음악과 게임적인 요소들을 복합적으로 결합해 레고 블록이 좀 더 생생하게 살아 숨 쉬는 것처럼 느껴지도록 했다. 중요한 것은 모든 제작 과정에 고객이 주체적으로 참여할 수 있도록 했다는 것이다.

레고 비디요 세트에는 미니 피규어들이 포함되어 있는데 이들은 다양한 음악 장르를 대표하는 일종의 밴드 아바타 역할을 한다. 레고 비디요 앱을 내려받아 스캔하면 증강현실을 기반으로 한 기술에 각종 특수효과를 더한 '비트비츠BeatBits' 블록도 제공받을 수 있다. 고객들은 이 비트비츠를 통해 다양한 음악 배경을 선택하거나 댄스 동작을 만들어내서 자신만의 뮤직비디오를 완성할 수 있다.

이 뮤직비디오는 레고 비디요 앱을 통해 전 세계의 다른 사용자들과 공유할 수 있다. 좀 더 사실감을 부여하기 위해서 레고 비디요의 메인 피규어 캐릭터인 '라마L.L.A.M.A.'가 유니버설뮤직 산하 레이블인 아스트랄웍스Astralwerks와 전속 계약을 체결하고, 데뷔 싱글곡 〈쉐이크Shake〉를 발표하기도 했다. 이 곡은 BTS의 히트곡 〈다이너마이트Dynamite〉를 작사 작곡한 데이비드 스튜어트David Stewart 가 프로듀싱을

출처 : https://www.lego.com/en-us

자신만의 레고 뮤직비디오를 완성할 수 있는 레고 비디요 시리즈.

맡을 정도로 공을 들였다.

이는 디지털을 자유자재로 다루는 어린이 고객들에게 메타버스 Metaverse 세상에서 새로운 방식의 참여감을 주려는 시도로, 앞으로도 다양한 방식의 융합이 이루어질 전망이다. 레고 비디요가 음악을 증강현실이라는 디지털 기술과 연결해 레고의 강점인 창의력을 발휘하고, 이를 어린이 고객들이 공유할 수 있도록 했다면, '레고 라이프 Lego Life'는 '만들자, 나누자, 발견하자'라는 핵심가치를 고객들이 달성할 수 있도록 만든 디지털 기반의 소셜 커뮤니티라 할 수 있다.

레고 라이프 앱을 설치하면 아이들은 자신이 원하는 모습의 '레고 미니 피규어 부캐 아바타'를 만들 수 있다. 이 커뮤니티에서는 머리부터 발끝까지 자신과 닮은 아바타를 만들고 원하는 스타일의 의상까지 입혀볼 수 있어서 개인화된 활동을 하고 싶은 욕구를 갖게 한다. 완성된 레고 아바타는 증강현실 기능으로 현실 공간에 불러내 함께 사진을 찍어서 올릴 수 있도록 했다.

어릴 때부터 디지털 네이티브로 자라난 아이들은 레고 블록들을 책자에 따라 조립하는 일방향적인 방식을 선호하지 않는다. 이들은 각자의 취향과 목적에 맞게 블록을 창의적인 방식으로 구성해 새롭게 재창조해서 남들에게 보여주고 싶은 욕구를 갖고 있다. 그래서 레고는 어린이 디지털·네이티브들이 자신의 창의적인 아이디어를 마음껏 공유할 수 있는 소셜미디어 커뮤니티의 필요성을 느꼈을 것이다.

레고 라이프에서 어린이 이용자들은 검색 기능을 통해 다른 아이들의 창작물을 손쉽게 찾아볼 수 있다. 이 과정에서 새로운 영감을 얻어 자신만의 방식으로 레고 작품을 만들어 올리는데 이것이 바로 레고 라이프의 궁극적인 목적이다. 레고는 '창의력 대장 콘테스트'와 '미션 챌린지' 같은 이벤트를 주기적으로 제공한다. 얼핏 보면 성인들의 디지털 커뮤니티와 비슷해 보이지만 중요한 차이점이 있다.

레고는 다양한 장치를 통해 어린이들이 보다 안전한 환경에서 창작물을 공유할 수 있도록 최선의 노력을 기울이고 있다. 사용 중 레고 안전 지킴이가 화면에 등장해 게시물로 '개인정보를 공유하지 말 것', '타인에게 친절하게 행동할 것' 같은 가이드라인을 전달하고 이에 대한 동의서도 받는다. 이런 장치를 통해 어린이들이 서로 창작물을 공유하고, 피드백을 받는 과정에서도 문제가 생기지 않도록 세심하게 배려한다.

레고 비디오와 레고 라이프를 보면, 이제 레고는 더 이상 플라스틱 블록만을 통해서 혁신을 만들어내는 기업이 아니라는 것을 알 수 있다. 사용자들이 다양한 방식의 디지털 기술을 이용해서 자신만의 제품을 창조할 수 있도록 도와주고 있으며, 직접 참여한 경험의 결과로 나온 것들을 더 편하고 안전하게 타인과 공유할 수 있는 디지털 커뮤니티를 형성해냈다.

이러한 혁신의 원동력을 바탕으로 레고가 만들어내는 결과는 놀랍다. 레고의 자체 보고서에 따르면, 2020년 기준으로 소비자 판매율은 전년 대비 21퍼센트나 성장했고, 수익은 13퍼센트 증가했다. 레고의 핵심적인 디지털 플랫폼에 유입되는 사람들의 수는 2억 5000만 명으로 2배가량 증가했으며, 2020년에 134개의 오프라인 매장을 새로 열었다. 중요한 것은 수익을 미래를 위한 디지털 투자로 이어가고 있다는 점이다. 레고의 혁신을 현재 진행형이라고 부르는 이유다.

고객을 창작자로
참여시키는 법

디지털 전환의 시대에 기업들은 가치 있는 활동을 하는 고객들의 커뮤니티를 형성하고 그 속에서 다양한 공동 창조활동이 발생할 수 있도록 도와야 할 것이다. 앞서 이케아 효과에서도 설명했지만, 오늘날의 고객은 수동적인 객체로 남기를 거부한다. 이들에게 풍부한 형태의 참여감을 제공할 경우, 그들은 적극적으로 친기업적인 활동을 하는 소비자로 언제든지 변모할 수 있다.

과거 F&B 분야나 완구업계가 시도한 고객 참여를 통한 가치 형성은 이제 가구와 첨단기술이 결합된 자동차에까지 무한대로 확장되고 있다. 과거의 첨단기술 제품들은 해당 제품을 가지고 노는 과정에서 소비자들에게 적극적인 자율권을 주면 핵심 기능이 손상을 입을 수 있기 때문에 참여 범위가 한정되어 있었다. 하지만 최근에는 다양한 창의적인 방식으로 고객 참여감을 높이는 시도가 이루어지고 있다.

창의적 경험을 파는 닌텐도

2018년 4월, 게임회사 닌텐도는 자사의 히트상품인 '닌텐도 스위치 Nintendo Switch'의 소프트웨어와 연동해서 사용할 수 있는 골판지 완구 시

출처 : Nintendo Of Korea Co, Ltd.

닌텐도 스위치 게임과 연동해서 사용할 수 있는 골판지 완구 시스템 닌텐도 라보.

스팀인 '닌텐도 라보**Nintendo Labo**'를 판매하기 시작했다(국내 발매일은 2019년 1월 17일). 닌텐도 스위치의 소프트웨어와 연동해 사용자가 자신이 원하는 형태로 무엇이든지 할 수 있도록 참여감을 높여주는 키트다. 제품 상자를 열어보면 골판지 시트가 가득한데, 닌텐도 스위치 본체 화면에 나온 설명에 따라서 골판지들을 직접 손으로 접고 결합하다 보면, 평범해 보이던 골판지가 예상치 못한 멋진 부품으로 변신한다.

이 제품은 소비자가 이 모든 과정에 즐겁게 참여하고, 끝난 후에 성취감을 느낄 수 있도록 정교하게 설계되어 있다. 어느 정도 형태가 잡히면 동봉된 끈, 고무줄, 고리 세트, 스펀지 시트를 이용해서 골판지 부품의 기능을 보강하는 작업으로 마무리된다. 골판지를 가지고 이렇게 저렇게 즐겁게 놀다 보면 어느덧 리머컨카나 집, 피아노나 바이크가 되어 있다. 이후 골판지를 본체와 컨트롤러에 결합하면, 놀라운 결과물이 탄생한다. 소비자들은 이러한 과정을 통해서 숨겨진 기능들을 자신의 버전으로 구현하는 성취감을 느끼게 된다. 때로는 생각지도 못한 창의적인 경험도 하게 된다.

고객의 창조활동을 공유하게 하라

이러한 과정을 통해서 고객들에게 전달되는 가장 핵심적인 매력은 '만들기|Make, 놀기|Play, 발견하기|Discover'라는 라보만의 고객 경험일 것이다. 그리고 이 3가지 활동의 핵심적인 개념에는 고객에게 높은 수준의 자율성을 줌으로써 참여감을 높인다는 데 있다.

그들은 여기에 머무르지 않고 보다 다양한 방식으로 고객들이 자신의 결과물을 공유할 수 있는 '닌텐도 라보 커뮤니티|Nintendo Labo Community'를 만들었다. 고객들은 이 커뮤니티에 모여서 다양한 방식으로 창의적인 결과물을 내놓고 그 결과물을 토대로 경쟁하고 서로의 작품을 통해 새로운 자극을 받고 있다. 닌텐도는 이 커뮤니티에서 다양한 방식의 크리에이터 콘테스트를 열고, 가장 창의적인 방식으로 결과물을 내놓는 이들에게 상을 수여하기도 한다. 또한 최종 우승자와 파이널리스트들의 아이디어와 해당 창작물에 대한 평가는 공식 홈페이지에 공유된다.

이처럼 이제 첨단기술 기업들은 소비자들이 기업 내부로 들어와서 자신들의 아이디어를 기꺼이 내주고 그것이 다양한 형태의 보상체계와 결합되는 놀라운 경험을 느낄 수 있도록 노력해야 한다. 이것이 바로 수많은 기업들이 이상적으로 생각하는 공동창조 전략이다. 이런 과정에서 소비자들은 자연스럽게 이른바 '찐팬'이 될 것이다.

　오늘날 기업들은 고객을 단순한 소비의 주체에서 창작자로서 변환시키기 위해서 어떠한 보상을 줄 것인가를 전략적으로 고민해야 한다. 커뮤니티 멤버들에게 어떠한 보상체계를 만들어 이들을 적극적으로 활동하게 만들지도 커뮤니티의 가치 형성에 있어서 중요한 문제다.

가치 있는
리워드를
설계하라

정교한 리워드 시스템은 고객에게
소속감과 자부심을 부여한다.

"세포라는 화장품의 성지와도 같다. 그곳은 내가 즐기는 모든 것을 가능하게 만들어준다. … 나는 지금껏 한 번도 인터넷에서 화장품을 구매해본 적이 없다. 나는 직접 경험하는 것을 사랑한다."

유명 패션 디자이너 마크 제이콥스^{Marc Jacobs}의 말에서 알 수 있듯이 세포라는 경험 중심의 체험형 화장품 편집숍 시대를 열고 완성시킨 대표적인 브랜드다. 프랑스의 럭셔리 브랜드 기업 LVMH 산하에 있는 화장품 종합 편집숍으로, 1970년대 설립된 후 지금까지 전 세계 35개국에 2700개 매장을 운영하며 자신만의 스타일로 세계 최대의 화장품 공화국을 구축하고 있다.

뷰티 인사이더 커뮤니티의 섬세하고 감성적인 리워드

세포라는 매장에 전 제품의 샘플을 비치해두고 고객이 원한다면 구매 전에 다양한 방식으로 테스트해보도록 해서 큰 인기를 끌었다. 이처럼 오프라인 중심의 체험형 매장으로 성장해온 세포라는 최근 온라인과 오프라인을 연결하는 옴니 채널^{Omni-Channel}을 가장 성공적으로 운영하는 회사로 평가받고 있다.

세포라가 가장 공들이는 것은 '뷰티 인사이더 커뮤니티^{Beauty Insider Community}'다. 이 커뮤니티는 565만 명(2022년 10월 기준) 이상의 회원을 보유한 세계 최고의 뷰티 커뮤니티라 할 수 있다. 특히 회원들이 활발하게 활동하도록 정교한 리워드를 설계하는 것으로 유명하다.

출처 : https://community.sephora.com

세포라의 뷰티 인사이더 커뮤니티.

커뮤니티는 크게 4가지 핵심 카테고리로 나뉜다. '커뮤니티 홈'은 가장 핵심이 되는 곳으로 멤버들끼리 서로 궁금한 점을 키워드를 통해 검색하거나, 구체적인 질문을 키워드화해서 물어볼 수 있는 온라인 포럼 형태로 구성되어 있다. 예를 들어 겨울철에 립글로스를 추천받기 위해 검색창에 '수분 립글로스 추천'이라고 검색하면, 해당 질문과 유사한 질문이 담긴 글과 다른 멤버들의 답 등 과거의 정보 글을 읽을 수 있다. 해당 대답에 대해 구체적으로 몇 명의 멤버들이 댓글로 반응하고 '좋아요'를 눌렀는지도 통계를 통해 제시된다.

두 번째로 중요한 카테고리는 '그룹Groups'으로, 자신과 비슷한 라이프스타일과 관심사를 가진 사람들이 모인 소집단에 가입해서 정보를 교류하고 이야기할 수 있도록 장려한다. 예를 들어 한국 뷰티 제품에 관심이 많다면 'K뷰티' 소모임에 가입해서 '최근 한국에서 유행하는 화장품', '남자 친구에게 추천해줄 만한 한국 화장품'과 같은 정보를 묻고 답한다. 세포라는 다양한 핵심 테마를 기반으로 30개가 넘는 소모임을 만들어 운영하고 있다. 단순하게 궁금한 점을 찾고 답하는 것을 넘어 화장품이나 뷰티 제품 관련 영역 내에서, 비슷한 취향이나 라이프스타일을 가진 사람들이 끈끈하게 교류할 수 있도록 시스템을 구성한 것이다.

세 번째로 중요한 카테고리는 '갤러리Gallery'다. 멤버들이 자신의 모습을 자랑할 수 있는 곳이다. 뷰티 셀카를 찍은 후 어떤 화장품과 헤어 제품을 사용했는지에 대한 정보 태그를 남기게 해서, 그것을 본

다른 멤버들이 '추가Add' 기능을 누르면 제품 상세 페이지로 바로 이동해 제품을 구매할 수도 있다.

마지막으로 중요한 카테고리는 '평가와 리뷰Ratings and Reviews'다. 세포라 제품을 경험한 후 개인적인 생각이나 별점을 남길 수 있는 곳이다. 세포라는 양질의 평가와 리뷰를 남길 수 있도록 자세한 리뷰 가이드라인을 제공해준다. 해당 데이터는 세포라의 공식 사이트에서 제품 검색 시, 관련 정보로 그대로 노출된다.

세포라는 이 4가지 핵심 카테고리를 중심으로 커뮤니티 멤버들을 슈퍼 유저로 변화시키기 위해 다양한 리워드를 설계해서 제공하고 있다. 커뮤니티를 주기적으로 방문하면 얻을 수 있는 리워드도 정교하게 설계해서 차등화했다. 커뮤니티 멤버들만 누릴 수 있는 주기적인 할인 행사뿐 아니라, 멤버가 남긴 정보를 기반으로 개인화된 추천 정보를 지속적으로 제공해준다. 갤러리 게시판에서 '뷰티 매칭Beauty Matches' 기능을 클릭하면 멤버의 외모 정보(피부톤, 머리카락 색깔, 눈동자 색깔 등)를 기반으로, 해당 멤버와 비슷한 외모 정보를 가진 사람들이 올린 갤러리 사진들을 큐레이션해서 보여준다.

또한 슈퍼 유저들을 육성하기 위해 리워드를 차등적으로 지급한다. 특히 포스팅과 제품 리뷰 횟수 등 커뮤니티 활동에 따라 멤버들은 루키Rookie, 라이징 스타Rising Star, 야심가Go-Getter, 보스Boss 같은 차등화된 배지를 부여받는다. 이런 배지는 커뮤니티 멤버들이 게시물을 남길 때마다 자신의 아이디나 프로필 이미지 옆에 나타난다. 이

배지를 기반으로 자연스럽게 커뮤니티 내 사회적 위치가 결정되고 영향력의 정도도 드러난다. 이러한 '사회적 인지 리워드Social Recognition Reward'는 커뮤니티 내 멤버 간 경쟁을 부추겨 더욱 열심히 활동하도록 독려한다. 동시에 활발하게 활동하는 회원들 중 영향력이 있는 사람들을 추려내 '뷰티 인사이더 커뮤니티 앰배서더'로 임명하고 스페셜 배지를 부여해 그들에게만 기념 굿즈 박스를 제공해준다.

세포라는 주요 멤버인 여성들이 섬세하고 감성적인 리워드를 선호한다는 사실에 착안해 감성적으로 매력을 느낄 수 있는 리워드를 제공하려고 끊임없이 노력한다. 가령 여성들의 워너비인 가수 리한나Rihanna의 사인이 담긴 한정판 자서전, 영화 〈대부〉의 감독으로 유명한 프랜시스 포드 코폴라Francis Ford Coppola 소유의 와이너리 투어 초대권 같은 특별한 리워드를 제공한다.

2020년 세포라는 온라인 이커머스 부문에서 전년 대비 75퍼센트의 성장을 이끌어냈다. 코로나19로 오프라인 스토어의 매출 하락이 불가피했던 2021년 초에는 미국에 260개의 오프라인 스토어를 추가로 열겠다고 발표하면서 온라인과 오프라인을 넘나드는 옴니채널 전략을 더욱 공고히 했다. 그리고 이 전략의 핵심에는 뷰티 인사이더 커뮤니티가 있다. 커뮤니티 내에서 다양한 리워드 설계를 통해 유저들의 활동을 독려하는 것이 얼마나 가치 있는지 세포라의 성공은 잘 보여주고 있다.

고객을 파트너로 바꾸는 4가지 리워드

세포라의 사례에서 볼 수 있듯이 단순 구매자를 커뮤니티의 가치를 창출하는 파트너로 변화시키기 위한 리워드는 다양하다. 그중 최근 들어 많은 기업이 전략적으로 활용하는 리워드는 크게 4가지다. 금전적 리워드 Financial Reward, 성취감을 자극하는 사회 인지적 리워드 Social Recognition Reward, 특별한 경험을 제공하는 가변적 리워드 Variable Reward, 재미와 즐거움을 주는 오락적 리워드 Fun Reward 가 그것이다.

커뮤니티 내에서 활발한 활동을 유도하기 위해 가장 많이 제공하는 것은 '금전적 리워드'다. 주로 디지털 헬스케어 회사들이 자신의 플랫폼 내에서 멤버들이 활발하게 운동할수록 금전적인 보상을 주는 프로그램을 많이 사용한다. 가령 애플워치를 통해 부정맥 등을 측정하는 스타트업 카디오그램 Cardiogram 은 2018년에 아미카 라이프 Amica Life 보험 등과 협업해 웨어러블 데이터를 제공하는 대가로 무료로 1000달러 상당의 돌연사 관련 보험에 가입시켜주었다.

미국의 보험사 존 핸콕 John Hancock 도 애플워치를 이용한 활력 증진 프로그램을 운영하고 있다. 이 프로그램을 사용하려면 최신형 애플워치를 받는 조건으로 25달러(세금 별도)를 지불해야 하는데, 나머지 잔액은 24개월에 걸쳐 나눠서 내면 된다. 흥미로운 사실은 이 프로그램 안에서 애플워치를 착용하고 매일 열심히 운동하면 활력 포인트 Vitality Point 가 적립되어 그만큼 할부금이 줄어든다는 것이다. 결국

170

2년 동안 애플워치를 착용하고 열심히 운동해서 매달 500포인트 이상의 활력 포인트를 달성하면, 추가 비용 없이 최신형 애플워치를 보상받는 셈이다. 참가자들의 반응은 폭발적이었다. 이 리워드 프로그램 참가자 40만 명의 신체 활동도가 34퍼센트가량 증가한 것으로 나타났다. 보험회사 입장에서도 손해 보는 장사가 아니다. 이 프로그램을 통해서 신규 고객을 더 많이 유치할 수 있고, 열심히 운동한 사람은 상대적으로 유병 확률이 줄어들어 보험금을 청구할 가능성도 줄어들기 때문이다.

두 번째 보상은 '사회 인지적 리워드'다. 디지털 웨어러블 기기의 선두주자인 핏빗Fitbit은 회원들이 더 열심히 운동하도록 동기부여를 해주는 다양한 사회적 인지 보상 프로그램을 운영하고 있다. 한국계 미국인인 제임스 박James Park이 공동 창업자인 핏빗은 첫 번째 프로토타입이 2008년 '테크 크런치 50'에서 공개된 후 2019년 11월 구글의 모회사 알파벳이 인수하면서 새로운 성장 전기를 맞이했고, 2021년에 매출 12억 달러를 달성하면서 전 세계 웨어러블 시장을 석권했다. 핏빗은 이용자의 걸음 수, 심박 수, 칼로리 소비량, 수면 패턴 등 건강과 관련된 다양한 활동을 기록하는 일종의 퍼스널 퀀티피케이션Personal Quantification 기기다.

핏빗의 리워드 중 대표적인 것은 100가지가 넘는 다양한 배지들이다. 매일의 운동 목표량을 달성할 경우, 사용자는 다양한 형태의 배지를 획득해서 자랑하듯 공유할 수 있다. 하루에 5000보 이상 걸으면

'보트 슈즈 ^{Boat Shoes}'를, 2만 보 이상 걸으면 '하이 탑스^{High Tops}'를, 7만 5000보라는 고난도 미션을 달성하면 알라딘의 '지니^{Genie}' 캐릭터의 신발 배지를 획득할 수 있다. 매일의 걸음 수 외에도 핏빗 가입 후의 총 걸음 수에 기반해 다양한 배지를 소유할 수 있다.

세 번째 보상은 '가변적 리워드'다. 제품의 개발이나 사용 단계에서 소비자들의 아이디어가 더해져 예측 불가능한 결과가 나왔을 때 짜릿함을 느낄 수 있도록 하는 보상 시스템으로, 앞으로 더욱 중요해질 리워드. 가변적 리워드는 사용자의 행동에 대한 대가를 지불할 때, 일정하고 체계적인 보상을 주기보다는 '계속 변화하는' 보상을 제공하는 것을 의미한다. 슬롯머신을 당길 때 5달러가 당첨될지, 100만 달러의 잭팟이 터질지 모르는 불확실성이 사람들로 하여금 계속 슬롯머신의 레버를 잡아당기게 하는 것과 같은 이치다.

소비자가 제품이나 서비스를 설계할 때 창조자 역할을 할 수 있는 가변적 보상 시스템을 마련해두는 것이 중요하다. 모든 제품과 서비스가 기업의 의도대로만 개발되고 운영된다면 소비자들은 금방 싫증을 내고 떠날 수 있다. 때로는 소비자가 전혀 예상할 수 없는 형태의 보상들을 의도적으로 숨겨둠으로써 참여도를 지속해야 한다.

이와 관련해서는 앞서 언급한 닌텐도의 라보가 대표적이다. 라보의 이용자들이 골판지를 직접 접고 결합하다 보면 평범해 보이던 골판지가 예상치 못한 멋진 작품으로 변신한다. 또한 닌텐도 스위치의 본체와 컨트롤러에 결합하면 놀라운 결과물이 탄생한다. 소비자들은 숨겨진 기능을 자신만의 버전으로 구현하는 즐거움을 경험하면서 자연스럽게 브랜드에 대한 충성도를 높이게 된다.

마지막 보상체계는 '오락적인 리워드'다. 미국의 사회 문제 중 하나는 비만이다. 그런데 미국인들이 가장 열심히 운동을 했을 때가 2016년 7월 6일 이후인데, 이때는 바로 포켓몬고Pokemon Go가 출시된 시점이었다. 카디오그램의 자체 데이터 분석 결과에 따르면, 포켓몬고 출시 이전에는 프로그램 사용자 중 하루에 30분 이상 운동하는 사람의 비율이 평균 45퍼센트 정도였으나, 출시 후 3일 만에 그 수치가 53퍼센트까지 치솟았다고 한다. 의도하지 않게 포켓몬고가 최고의 헬스케어 앱이 된 것이다. 포켓몬고는 많이 걸어서 이동할수록 더 희귀하고 강한 몬스터를 부화시킬 수 있는 방식으로 진행된다. 이처럼 재미를 주는 오락적인 리워드는 이용자로 하여금 더 많이 운동하게 하는 원동력이 된다.

최근 들어 혁신적인 헬스케어 기업들은 오락적인 리워드 설계를 위해 게임 요소를 도입하는 데 열을 올리고 있다. 초기에는 운동량의 측정 기술에 집중해서 더 많은 고객 데이터를 확보하고, 그것을 바탕으로 정확한 측정 결과를 제공하는 데 주안점을 두었다. 하지만 고객 만족도는 그들의 예상을 벗어났다. 한마디로, 더 정확하게 측정해줄수록 고객들이 만족할 것으로 기대했지만 실제로는 그렇지 않았다는 말이다.

고객 경험 전문가인 조던 에트킨Jordan Etkin이 2016년《소비자 심리

저널 Journal of Consumer Research 》에 발표한 결과에 따르면, 고객들이 그들의 삶의 행동을 더 계량화하는 것은 단기적으로는 운동에 집중하도록 만들어서 운동량을 증가시킬 수 있지만, 장기적으로는 운동의 즐거움을 감소시키는 부정적인 결과가 발생하는 것으로 드러났다. 평소 걷기를 즐기는 사람이 핏빗을 착용하고 걸으면서 매번 몇 보나 걸었는지 계량화하면 걷는 행위 자체가 노동이 되면서 즐거움과 흥미가 서서히 떨어진다는 것이다.

그래서 디지털 헬스케어 회사들은 고도화된 기술로 개인의 삶을 측정하고 정확하게 계량화하는 것에서 나아가, 운동의 습관화를 위해 게임 요소를 추가해 재미를 주는 '게이미피케이션 Gamification'에 기반한 리워드 프로그램을 서비스에 적용하기 시작했다. 고객들을 더 많이 움직이게 하고 더 오래 그들의 생태계에서 머물게 하기 위해서는 즐겁게 운동하는 고객 경험을 전달해주는 것이 중요하다는 사실을 알게 된 것이다.

차별화된 리워드로 슈퍼 유저를 육성하는 무신사

무신사, 오늘의집, 마켓컬리… 젊은 디지털 네이티브들의 사랑을 받으며 성장하고 있는 이들 혁신 기업의 공통점은 정교한 리워드 설계를 통해 충성도 높은 커뮤니티 집단을 만들어냈다는 것이다. 단순

174

하게 좋은 물건을 선별해 적정한 가격으로 빠르게 배송하는 것에서 나아가, 해당 플랫폼 안에서 지속적으로 활동하도록 만드는 커뮤니티적인 가치를 성공적으로 만들어냈다. 또한 해당 커뮤니티에 적절한 형태의 리워드 시스템을 설계해서 멤버들에게 제공하고 있다.

커뮤니티 플랫폼에서 리워드를 설정하는 첫 번째 단계는 커뮤니티 사용자를 분류하는 것이다. 사용자를 분류하는 이유는 특정 커뮤니티 멤버들이 '목표 활동'을 해나갈 때, 전략을 세우고 성취해나갈 수 있도록 그룹별로 적합한 차별적인 리워드를 설정하기 위함이다. 예를 들어 무신사는 그들의 커뮤니티 플랫폼에서 활동하는 고객들을 구매 내역과 커뮤니티 활동 이력에 기반해 레벨 1의 '뉴비'부터 레벨 8의 '다이아몬드'까지 8등급으로 구분해서 관리한다. 커뮤니티 멤버를 분류한 후에는 각 레벨별로 추가 할인과 정기적인 할인 쿠폰 발행 등 차별화된 리워드를 제공해준다.

이 과정에서 각 등급에 포함된 멤버에게 어떤 특정 행동을 유도할 것인지를 정할 수 있다. 즉 특정 등급에 속한 커뮤니티 멤버들이 다음 등급으로 올라가서 더 나은 혜택을 누리기 위해 무엇을 해야 하는지에 관한 명확한 가이드라인을 제공해주어야 한다. 무신사는 회원 가입 후 2000포인트의 등급 점수를 쌓을 때까지 '무신사 뉴비'라는 등급으로 활동해야 한다. 다음 등급으로 올라가서 다양한 리워드를 누리고 싶다면, 상품을 더 많이 구매하거나 특정한 활동을 지속적으로 해야 한다.

다만 반드시 구매만으로 등급을 올릴 수 있는 것은 아니다. 커뮤니티 내 다양한 활동을 통해서도 등급을 올릴 수 있다. 예를 들어 매일 커뮤니티를 방문하기만 해도 100점이 추가되고, 무신사 커뮤니티에서 이루어지는 다양한 커뮤니티 투표 이벤트에 참가해 이를 자신의 SNS에 공유하면 2000점을 추가로 얻을 수 있다. 동시에 게시글을 쓰거나 댓글을 꾸준히 남겨도 추가 포인트를 얻을 수 있다.

무신사뿐만 아니라 대개의 기업들은 커뮤니티 내에서 슈퍼 유저들을 육성하기 위해 리워드를 시스템화해서 운영하고 있다. 샤오미는 제품 구매 횟수와 총 구매 금액, 각종 오프라인 행사 참여 여부, 게시글이나 댓글 쓰기 등을 종합적으로 판단해서 차별적인 등급을 부여한다. 또한 유저들이 커뮤니티 내에서 다양한 활동 흔적을 남길 때는 자신의 등급이 드러날 수 있게 했다. 커뮤니티 내에서 사회적 인증 욕구를 느끼게 하는 것이다. 이외에도 4등급 이상의 고객에게는 샤오미 전제품에 대한 구매 우선권을 준다. 이 'F 쿠폰'을 보유한 미펀들은 신제품 출시 때 선착순으로 줄을 서거나 온라인에서 구매 버튼을 누르는 수고를 할 필요가 없다. 이들은 다른 미펀보다 먼저 제품을 구매하고 사용할 기회를 가지기 때문에 부러움의 대상이 된다.

샤오미 커뮤니티의 가장 큰 특징은 커뮤니티 등급별로 물질적인 보상을 주기보다는 커뮤니티 활동을 진정성 있게 하면서 미펀에 충성심을 표현하는 고객들에게 차별화된 특별한 경험과 자랑할 수 있는 다양한 리워드를 제공한다는 데 있다.

고객이 구매한 제품만 돈이 되는 것은 아니다

커뮤니티를 운영하는 기업의 입장에서 놓치지 말아야 할 중요한 포인트는 고객의 구매 금액만 '돈'이 되는 것이 아니라는 점이다. 커뮤니티 안에서 고객들이 게시물을 올리고 타인의 게시물에 댓글 형태의 리뷰를 다는 것도 돈이 될 수 있다. 배우 유아인이 입어서 화제가 된 무신사의 베스트셀러 '테이퍼드 히든 밴딩 크롭 슬랙스'는 구매 후기가 자그마치 13만 개(2022년 5월 기준)를 넘어섰다. 해당 모델의 조회 수는 1개월 기준으로 22만 회가 넘고, 1년 누적 판매는 12만 장이 넘는다.

무신사 커뮤니티의 리뷰는 5가지 유형으로 나뉜다. 구매 제품에 대해 글을 쓰고 공유할 수 있는 단계부터 자신의 성별, 키, 몸무게를 공개하고 리뷰를 남길 수도 있다. 그리고 해당 제품을 입은 모습을 올릴 수도 있다. 무신사는 고객들이 좀 더 다양하게 자신의 정보를 공개하고 리뷰를 남길수록 더 많은 포인트를 준다. 이러한 정보들이 가치 있게 이용될 수 있도록 다양한 기준으로 필터링해서 후기를 따로 볼 수 있도록 큐레이션 기능도 제공하기 때문에 자신과 비슷한 체격을 가진 사람들의 리뷰만 골라서 볼 수 있다.

일반 소비자들이 자발적으로 남긴 리뷰의 힘은 갈수록 커져가고 있다. 2018년 마케팅 플랫폼 위블Weble이 회원 3386명을 대상으로 한 '구매 후기 이용 실태' 설문조사 결과에 따르면, 구매 후기에 나온 정보들을 대체로 신뢰하는 편이라고 응답한 사람들의 비율이 62.7퍼센트('매우 그렇다', '그렇다')를 넘었고, 허위 또는 조작된 정보가 있는 구매 후기를 판단할 수 있다고 응답한 비율도 자그마치 78.3퍼센트에 이르렀다. 설문조사 결과 중 가장 흥미로웠던 점은 응답자들이 '상품 평점이 높지만 구매 후기가 적은 A사의 제품'보다는 '상품 평점은 낮지만 구매 후기가 많은 B사의 제품'을 선택하는 경우가 더 많았다는 점이다. 즉 소비자들은 구매 후기를 제품 선택의 주요 기준으로 삼고 있는 것이다.

무신사의 성장 원동력을 방문자들이 자발적으로 남긴 리뷰에서 찾는 전문가가 많은 이유도 마찬가지다. 무신사가 소비자 리뷰를 적극적으로 노출시키기 시작한 것은 2011년부터인데, 그때부터 2020년까지 10년 동안 축적된 후기 건수만 해도 2200만 건이 넘는다. 무신사 자체 판매 제품 중 가장 많은 리뷰 수를 기록하고 있는 슬랙스 제품은 2020년 100만 장 이상 판매되며 당해에 무신사가 연매출 1000억 원을 달성하는 데 효자 노릇을 톡톡히 했다. 이처럼 커뮤니티 사용자들에게 차별화된 리워드 시스템을 적용해서 특정 활동을 독려하는 것은 구매를 유도하는 것 못지않게 매출에 도움이 되는 생산적인 활동이다.

리워드 설계의
3가지 기준

커뮤니티 내에서 리워드 대상에 대한 분류 작업과 등급별 목표 활동 기준에 대한 설정이 끝났다면, 이제부터는 본격적으로 리워드를 설계해야 한다. 리워드 설계의 기준은 크게 When(언제 리워드를 줄 것인가), What(어떤 리워드를 줄 것인가), How(어떻게 리워드를 줄 것인가) 이렇게 세 가지로 나눌 수 있다.

리워드 설계의 기본 원칙

When 2S	언제 리워드를 줄 것인가? 정기적 리워드와 이벤트성 리워드		

	Steady	**Surprise**
	회원 등급에 따라 정기적으로 꾸준히 제공하는 리워드 리워드는 지속적으로 업데이트되는 것이 좋다.	회원이 지루함을 느끼지 않도록, 간헐적으로 주는 서프라이즈 리워드 전체 멤버 혹은 특정 멤버 (신규 회원)를 타깃으로 이벤트성으로 이루어진다.

What FES	어떤 리워드를 줄 것인가? 타깃 및 활동에 따라 적합한 리워드 선정		

Financial Reward	**Experience Reward**	**Social Recognition Reward**
금전적인 재화적 리워드	특별한 경험을 제공하는 리워드	사회적인 인정 욕구, 성취감을 자극하는 리워드

How 7S	어떻게 리워드를 줄 것인가? 고려해야 하는 / 할 만한 방법들						

Simple	**Speed**	**Smooth**	**Share**	**Status**	**Snapshot**	**Special**
리워드 절차는 간단하게	리워드는 즉각적으로 제공	활동과 리워드는 자연스럽게 연결	리워드 획득에 함께 참여	리워드 현황을 보여주며 인지	리워드 받는 순간을 기억할 수 있도록	특정 대상에 맞춘 특별한 리워드

When, 언제 리워드를 줄 것인가

'When'과 관련해서는 커뮤니티 회원 등급에 따라 정기적으로 제공하는 '스테디 리워드 Steady Reward'뿐 아니라, 회원들이 지루함을 느끼지 않도록 간헐적으로 이벤트성 '서프라이즈 리워드 Surprise Reward'를 주는 것도 중요하다. 즉 꾸준하게 커뮤니티 활동을 하는 이들이 떠나지 않게 하려면 '스테디 리워드'와는 별개로 재미있는 방식의 리워드를 끊임없이 제공해서 '오늘은 어떤 재미있는 이벤트가 있을까?' 하는 설렘을 갖고 방문하게 만들어야 한다.

예를 들어, 연말이나 여름휴가 기간 등 특정 시기별로 독특한 네이밍의 상을 만들어 해당 이벤트 기간 내에 열심히 활동한 유저들에게 다양한 리워드를 수여하는 것이 대표적인 서프라이즈 리워드라 할 수 있다. 롯데시네마의 경우, 2016년부터 연말에 한 해 동안 독특한 기록을 세운

출처 : https://www.lottecinema.co.kr/NLCHS

롯데시네마가 매해 연말에 수여하는
독특한 상과 리워드.

충성도 높은 고객에게 재미있는 리워드를 제공해서 좋은 반응을 얻고 있다. 동일 영화 최다 관람자에게는 '한우물상'을 수여하고, 실제 한우와 물 세트를 상품으로 제공하는 등 기발하고 유쾌한 리워드로 큰 화제를 불러 모았다. 그 외에 롯데시네마 플랫폼에서 꾸준히 활동하며 다양한 이벤트에 응모했으나, 당첨되지 못한 사람에게는 '인생무상'이라는 상을 수여한다. 이처럼 특정 시기별로 서프라이즈 리워드를 제공함으로써 회원들의 꾸준한 참여와 바이럴을 유도하고 있다.

What, 어떤 리워드를 줄 것인가

'What'은 커뮤니티 멤버들의 활동에 따라 다양한 특성을 가진 리워드를 제공하는 것이다. 때로는 금전적인 리워드를 제공하는 것이 효과적일 수 있다. 이는 단기간에 가장 폭발적인 효과를 제공한다. 그 외에 특별한 경험을 제공하거나 사회적 인정 욕구를 충족시켜주는 역할도 한다.

　오늘의집의 경우, 매일 인기 사진 10개를 선정해 1~3위에 오른 커뮤니티 멤버들에게 커뮤니티 내에서 현금처럼 사용할 수 있는 1000포인트를 제공한다. 동시에 커뮤니티 메인 페이지에 사진이 노출되고 인스타그램 공식 계정에도 업로드되는 형태의 사회적 인정 리워드도 제공한다. 집을 예쁘게 꾸민 후 사진을 찍어서 올리는 이유는 금전적인 혜택을 기대하는 것뿐 아니라 자신의 집을 타인에게 자랑하고 싶은 욕구와도 관련이 있기에 이러한 유형의 리워드는 참여자들의 성취감도 충족시켜주고 꾸준하게 커뮤니티 내에서 활동할 수 있도록 독려한다.

특별한 경험을 주는 리워드의 사례로는 배달의민족의 '배짱이' 팬클럽을 들 수 있다. 배달의민족은 배짱이를 모집할 때 일정한 경쟁을 통해서 뽑은 후 다양한 모임과 활동 기회를 주는 등 특별한 경험을 할 수 있는 기회를 준다. 이러한 체험 기반 리워드의 가장 큰 장점은 브랜드의 고유한 정체성을 자연스럽게 보여주는 활동과 연계될 경우, 소비자가 주도적으로 참여하기 때문에 소속감과 충성도를 높일 수 있다는 것이다.

How, 어떻게 리워드를 줄 것인가

마지막으로 고려해야 하는 방식인 'How'는 크게 '7S'라 불리는 7가지 체크 포인트를 고려해서 설계하면 좋다. 예를 들어, 리워드 제공의 절차는 '간단할수록 Simple' 좋다. 동시에 리워드는 커뮤니티 멤버들이 조건을 충족시키는 활동을 끝냈다면 '즉각적 Speed'으로 제공해야 한다. 열심히 활동한 멤버들에게 간단한 절차로 빠르게 리워드를 제공함으로써 만족감을 주는 것이다. 또한 각 커뮤니티 활동별로 제공되는 리워드가 '자연스럽게 Smooth' 연결되어서 '나도 열심히 활동했는데 왜 제대로 된 보상을 못 받는 거지?'라는 서운한 마음이 들지 않도록 해야 한다. 리워드를 제공할 때는 공정성 이슈가 매우 중요하기 때문에 이 점을 충분히 고려해야 한다.

때로는 리워드 제공 자체가 하나의 홍보가 될 수 있도록 커뮤니티 내 소그룹 멤버들이 '함께 Share' 특정한 활동을 하고 리워드를 받아가는 형태의 이벤트도 필요하다. 예를 들어, 배달의민족은 캘린더 앱 '린더 Linder'

와 함께 '어덕행덕(어차피 덕질할 거 행복하게 덕질하자)'이라는 신조어 캠페인을 하면서 배달의민족 쿠폰을 가장 의미 있게 많이 사용한 팬클럽에게 옥외광고를 할 수 있는 리워드를 제공했다. 팬클럽이라는 하나의 집단이 함께 목표를 달성하도록 자연스럽게 유도한 대표적인 사례다. 이외에도 CGV가 중복과 말복에 상영하는 특정 영화에 일정 객석을 채우는 미션을 달성하는 데 참여한 이들에게 다양한 리워드 쿠폰을 주는 '복닭복닭'도 있다.

그리고 커뮤니티 참여자들이 현재 자신이 어떤 리워드를 받을 수 있는지 해당 등급을 끊임없이 '인지하도록' 만들어서, 다음 등급으로 올라가려는 도전 욕구를 자극하는 리워드를 설계하는 것도 중요하다. 예를 들어, 구글 맵은 세계 곳곳을 직접 관리하려면 엄청난 리소스가 들기 때문에 '지역 가이드'라는 커뮤니티를 통해 국가별로 사용자가 정보를 입력하게 만드는 시스템을 구축했다. 지역 가이드는 구글 맵에 없는 장소를 추가하거나 잘못된 정보를 수정 혹은 업데이트하는 동시에 자신이 직접 찍은 멋진 사진들도 게시할 수 있다.

구글은 이들 지역 가이드들이 꾸준하게 활동하도록 끊임없는 피드백을 제공한다. 대표적으로 '당신이 올린 사진들이 3만 회 이상 조회되어 많은 사람에게 도움이 되고 있다'라는 식의 사회적 인정 욕구 리워드를 끊임없이 제공해준다. 참여를 통해 얻은 포인트를 기반으로, 레벨을 올리도록 장려하고 레벨별로 차별화된 배지도 준다. 이처럼 사용자별로 특별한 레벨의 배지를 제공하고, 이를 공유하게 해서 더 높은 단계로 올라가도록 도전 욕구를 자극하는 것은 중요하다.

리워드를 받는 순간을 특별한 기억으로 남도록 '스냅샷Snapshot'을 제공할 때도 의미 있는 메시지나 이미지를 개인화된 형태로 제공하면 좋다. 배달의민족은 2015년부터 그들의 배달 앱을 사용하는 고객들을 대상으로 음식에 대한 창작시를 공모하는 '배민 신춘문예' 이벤트를 진행하고 있다. 이 이벤트의 리워드는 '치킨 365마리'와 같은 재미를 주는 측면도 있지만, 이 수상작이 지하철과 버스 입간판으로 만들어지기 때문에 리워드를 받은 이들에게 아주 특별한 경험을 제공한다.

이처럼 리워드를 얼마나 재미있고 의미 있게 전달하느냐는 리워드 설정에 있어 매우 중요한 요소다. 때로는 '특정한 상황Special'에 맞는 재미있는 상을 설정해서 거기에 딱 맞는 리워드를 제공해주는 것도 필요하다. CGV가 극장 좌석 중 가장 인기 없는 열에 앉아서 힘들게 영화 관람을 한 관객들에게 '목깁스 상'을 시상하는 것이 이에 해당한다.

커뮤니티를 기반으로 성공적인 비즈니스를 하고 있는 기업들을 살펴보면, 리워드 시스템을 정교하게 설정해서 운영하고 있다는 공통점을 발견할 수 있다. 잘 만들어진 리워드 시스템은 단순히 외부의 사람을 고객으로 끌어들이는 1차 목표를 넘어, 커뮤니티 내에서 해당 고객이 한 번의 구매로 떠나는 것이 아니라 지속적으로 활동하는 충성고객이 되도록 한다.

디지털 전환의 시대에 기업들은 정교한 리워드 시스템의 설계를 통해 고객들에게 소속감과 커뮤니티 내에 속해 있다는 자부심을 부여해야 한다. 제품이나 서비스 개발에 모든 역량을 쏟던 시대는 지났다. 커뮤니티 안에서 즐겁게 소통하고 자유롭게 네트워킹할 수 있도록 해서 장기간에 걸친 강력한 팬덤을 만드는 작업에 공을 들여야 할 것이다.

덕후의 마음을
훔치는 굿즈로
승부하라

**스타벅스, 포켓몬빵 덕후들은
왜 본품보다 굿즈에 더 열광할까?**

　2020년 5월 서울의 어느 스타벅스 매장에서 한 여성 고객이 커피를 300잔이나 주문했다. 이 고객은 굿즈 17개와 단 한 잔의 커피만 챙겨들고는 매장을 떠났다. 스타벅스코리아는 매년 여름과 겨울마다 '계절 미션 음료' 3종을 포함해 특정 음료 17잔을 종류별로 구매하면 특별한 굿즈를 주는 행사를 진행하고 있다. 무려 300잔의 커피를 주문하고는 달랑 한 잔만 테이크아웃해간 여성은 커피가 아닌 굿즈가 필요했던 것이다. 스타벅스는 자신들이 판매하는 음료보다 굿즈의 가치에 집중했고, 그 전략은 적중했다. 매해 진행되는 행사를 통해 스타벅스 고객들은 음료가 아니라, 스타벅스의 문화와 디자인이 구현된 굿즈의 가치를 구매하는 데 열광했다.

브랜드 파워를 높이는 스타벅스 굿즈

'커뮤니티를 통해 소비자가 아닌 팬슈머를 길러내라.'

최근 수많은 기업들이 전사적인 역량을 쏟고 있는 것이 바로 팬슈머를 자산으로 만드는 것이다. 과거처럼 하나의 히트상품을 만들어서 다수의 불특정 소비자들에게 대량 판매해서 높은 수익을 거두기란 쉽지 않다. 소비자들의 취향은 점점 더 까다로워지고 있고 갈수록 초개인화되고 있기 때문이다. 이런 소비자들의 눈과 귀를 사로잡기 위해서 온오프라인에 걸쳐서 수많은 경쟁자들이 흥미로운 제품을 앞다퉈 내놓고 있다.

이제 기업은 커뮤니티를 만들어내고 그 안에서 오랜 기간 제품을 사랑해주는 소수의 팬을 길러내서 그들을 집중 관리하는 것이 브랜드 파워를 만드는 중요한 마케팅 전략임을 깨달았다. 이를 위해서는 찐팬들의 수집욕을 충족시켜주는 굿즈 개발과 판매가 주효하다.

팬덤을 만들어내려면 주기적으로 이벤트를 진행해 고객들이 자신의 라이프스타일에 맞는 굿즈를 수집할 기회를 주어야 한다. 이때 굿즈는 기간을 정해서 한정판 형태로 판매해야 한다. 특정 분야의 마니아들은 본인이 흥미를 느끼는 대상과 관련된 아이템을 가능한 한 많이 수집하려는 성향이 있다. 그리고 수집한 아이템의 특수성을 남들에게 자랑하고 싶어 한다.

팬덤 연구에 따르면 덕후들은 해당 수집품을 얻는 과정에서 본인이 쏟은 노력이나 시간에 비례해서 대상에 대한 애착을 느끼게 된다고 한다. 또한 특정 대상에 강한 애착을 보이는 덕후들은 자신의 애정 정도를 타인과 공유하기를 원하고 동시에 이 과정에서 인정받고자 하는 욕구가 강하다.

이런 이유로 팬덤이 강한 것으로 유명한 스타벅스, 나이키, 레고와 같은 기업들이 공통적으로 택한 전략이 바로 자사 브랜드 덕후들이 수집할 수 있는 아이템을 끊임없이 제공해주는 것이다. 스타벅스 덕후를 자처하는 사람들의 SNS 계정에 가보면, 그들은 자신이 수집한 굿즈를 줄기차게 게시물로 만들어서 공유하고 있다. 전 세계 다양한 스타벅스를 방문해 해당 지역에서만 판매하는 스타벅스 마그넷을 수집하고 자랑하는 스타벅스 덕후부터 특정 기간 동안만 한정판매하는 제품들을 매 시기마다 구매해서 인증샷을 올리는 덕후까지 다양한 형태의 팬슈머를 온라인에서 찾아볼 수 있다.

콜라도 구독이 되나요?

최근 코카콜라의 행보도 주목할 만하다. 2019년 12월 코카콜라는 구독모델 기반의 커뮤니티 서비스인 '인사이더스 클럽Insiders Club'을 론칭한 후 이를 기반으로 신제품을 구독 형태로 판매하고 있다. 구독은 3개월 단위이며, 한 달에 약 15달러를 내면 소장가치가 있는 신제품 음료나 한정판 음료 세 개를 상자에 담아 보내준다. 음료뿐만 아니라 때때로 다양한 서프라이징 선물도 함께 보내준다.

이 서비스는 구독자 1000명만 이용할 수 있도록 한정했는데 코카콜라는 이후에도 지속적으로 한정된 수의 구독자만 가입할 수 있도록 제약을 만들었다. 음료 회사의 이 흥미로운 시도에 팬들의 반응은 폭발적이었다. 2019년 론칭 당시 세 시간 만에 구독 서비스가 완판되었다. 구독 서비스 홈페이지에 마련해둔 구독 대기 신청란에 8000명 이상이 이름을 올릴 정도로 성공적인 반응을 이끌어냈다.

코카콜라가 인사이더스 클럽을 론칭한 이유는 더 많은 음료를 팔기 위해서가 아니라, 충성도 높은 고객들을 커뮤니티로 묶어내기 위해서다. 소규모의 충성도 높은 고객들을 커뮤니티화하고 이들에게

출처 : https://www.coca-cola.com

코카콜라 구독 서비스의 기반이 되는 커뮤니티 인사이더스 클럽.

구독할 가치가 있는 제품을 서비스함으로써 끈끈한 관계를 유지하는 게 코카콜라가 구독경제 모델을 운영하는 목적이다. 실제로 코카콜라 인사이더스 클럽에 들어가보면, 회사가 구독 서비스를 이용하는 사람들의 생생한 목소리를 듣고 공유하는 등 적극적으로 소통하고 있음을 알 수 있다. 특히 이 클럽에는 소수의 제한된 인원만 소속되어 있어서, 클럽 멤버들은 구독 서비스를 통해 획득한 굿즈의 소장 가치를 중요하게 생각하고 있다.

스타벅스, 코카콜라 같은 F&B 기업과 나이키 등 패션 브랜드들의 굿즈가 가치 있는 서비스로 인정받는 이유는 그들이 만들어내는 제품과 잘 어울리면서도 활용도가 높기 때문이다. 특히 핵심고객의 라이프스타일을 제대로 파악하고 수집 욕구를 부르는 굿즈들을 기획·개발하고 있어서 매해 열광적인 반응을 이끌어내고 있다.

최근에는 자사의 핵심 제품과 큰 연관성은 없지만 고객 저변을 확대하고 커뮤니티를 형성하기 위해서 굿즈를 만드는 기업도 늘어나고 있다. 대표적인 곳이 침대회사 시몬스SIMMONS다. 시몬스는 젊은 세대와의 소통을 위해서 수집 욕구를 불러일으키는 다양한 굿즈를 만들고 있다.

침대는 자주 구매하는 제품이 아니고 브랜드의 장단점을 진지하게 따져서 사는 제품군이다 보니 주로 30대 이상의 타깃고객을 대상으로 커뮤니케이션을 집중하는 경향이 있다. 하지만 시몬스 테라스는 수집 욕구를 부르는 굿즈 판매를 통해 20대의 젊은 디지털 네이티

출처 : https://www.simmons.co.kr

커뮤니티 형성을 위해 적극적으로 굿즈를 만들어내고 있는 시몬스의 브랜딩 공간 시몬스 하드웨어 스토어.

브들에게 새로운 경험을 전달함으로써, 침대 브랜드도 팬덤을 만들 수 있다는 것을 보여주고 있다.

인스타그램 등의 SNS 커뮤니티에서 시몬스와 관련해서 끊임없이 언급되는 공간이 있는데 바로 '시몬스 하드웨어 스토어'다. 이 공간에는 침대가 없다. 그 대신 시몬스 로고를 붙인 모자와 셔츠 등 다양한 패션 아이템과 젊은 친구들이 좋아할 만한 문구류 등 300여 가지의 라이프스타일 제품이 가득하다. 2020년 4월 서울 성수동에서 첫선을 보인 시몬스 하드웨어 팝업스토어에는 침대에 대한 장황한 설명도, 침대도 없었다. 이곳에서는 150년의 브랜드 헤리티지를 세련된 방식으로 녹여낸 라이프스타일 아이템들만 판매했다.

192   · Chapter 2 ·

이 매장은 코로나19가 기승을 부리던 시점에 문을 열었지만, 주말과 평일 관계없이 평균 대기시간만 한 시간이 넘을 정도로 폭발적인 반응을 불러일으켰다. 시몬스의 이러한 시도는 침대 대신 수면과 관련된 라이프스타일 굿즈를 흥미로운 방식으로 기획·제작하는 것만으로도, MZ세대의 관심을 끌어 팬덤화할 수 있음을 보여준 것이다.

소장 욕구를 자극하는
굿즈의 조건

특정 브랜드를 좋아하는 팬들을 위해 굿즈를 만들 때는 몇 가지 고려해야 할 중요한 요소들이 있다.

첫째, 굿즈 판매 시 수량이나 구매 가능한 기간을 제한하는 식의 '희소성 Scarcity'을 부여해야 한다. 브랜드 마니아들이 굿즈를 수집하는 이유는 해당 제품을 수집해서 다른 사람들에게 자랑하고, 이를 통해 자신의 수집력을 인정받고 싶은 과시 욕구가 있기 때문이다. 어디서나 흔하게 볼 수 있거나 마음만 먹으면 언제나 구매가 가능한 제품은 이러한 욕구를 충족시켜줄 수 없기 때문에 굿즈 상품을 기획할 때는 일단 희소성에 초점을 맞춰야 한다. 스타벅스의 기획상품은 늘 한정된 수량을 한정된 기간에만 판매하기 때문에 품절대란을 일으키고, 중고시장에서의 리세일 가격도 높다.

포켓몬빵, 24년 만의 화려한 부활

2022년, 무려 24년 만에 재출시된 SPC삼립의 '다시 돌아온 포켓몬빵'은 50일이 채 되지 않은 단기간에 1000만 봉 이상이 판매되었다. 이는 사은품인 한정판 스티커 '띠부띠부씰'의 열풍에 힘입은 것이다. '띠부띠부씰'

194

품절대란을 일으킨 SPC삼립의 포켓몬빵.

은 '떼었다 붙였다'의 줄임말과 편지봉투 등에 붙이는 '씰 seal'을 합성한 신 조어다. 각종 판매처에서 품절대란이 벌어지면서 빵 가격은 1500원인 데 스티커는 당근마켓 등 중고거래 앱에서 몇 배나 더 비싸게 거래되었 다. 인기 캐릭터나 구하기 어려운 캐릭터의 스티커만 따로 2만~5만 원에 거래되거나, 가장 인기 많은 포켓몬 '피카츄' 스티커는 한 개에 10만 원을 호가한다.

포켓몬빵의 성공은 포켓몬 게임을 할 때 유저들이 필드를 돌아다니며 희귀한 포켓몬을 잡는 것처럼, 소비자들이 편의점을 돌아다니면서 구하 기 힘든 포켓몬 캐릭터 스티커를 수집하도록 하는 욕구를 불러일으킨 데 있다.

둘째, 굿즈에는 수집할 만한 '고유의 가치'를 담아내야 한다. 보통 굿즈는 브랜드의 핵심 제품이 지닌 가치와는 무관한 부가적인 기념품의 의미를 갖지만, 그렇다고 해서 퀄리티가 떨어지는 굿즈를 제공해서는 안 된다. 수집한 후 오랜 기간 보유하고 싶거나 남들에게 자랑하고 싶을 정도의 가치를 갖지 못하는 굿즈는 브랜드에 대한 호감을 떨어뜨리거나, 제품에 애착을 갖고 있는 팬들에게 오히려 큰 실망감을 줄 수 있다.

따라서 시간과 돈을 써서 모을 만한 가치가 담긴 굿즈를 만드는 것이 중요하다. 과거 빅히트엔터테인먼트가 BTS와 관련된 화보 굿즈를 제작해서 판매할 때, 화보집 내에 일부 아이돌의 얼굴이 접혀져 제대로 보이지 않는다는 비난을 받았다. 일견 사소한 문제처럼 보일 수도 있지만, BTS를 좋아하고 이들의 굿즈를 모으는 팬덤 집단인 아미의 입장에서는 이런 실수는 아주 중대한 문제다. 끝없이 인기가 높을 것 같았던 스타벅스 굿즈도 2022년에 출시된 여름 시즌 굿즈에서 발암 물질이 기준치 이상 검출되어 수많은 팬에게 원성을 샀다. 분기도 모자라 매달 쏟아지는 한정판이 주는 피로감과 더불어 굿즈의 제품력까지 의심받게 된 것이다. 이는 최근 한국에서 스타벅스 위기설이 연이어 등장하는 계기가 되었다. 기업은 한정판 굿즈를 구매하는 주 소비층이 일반 소비층보다는 더 까다로운 기준을 가지고 있음을 인지하고 세심하게 굿즈를 만들어야 한다.

셋째, 새로운 재미를 주는 '가잼비(가격 대비 재미)'가 담겨 있어야 한다. 2020년 7월에 잡코리아와 알바몬이 실시한 밀레니얼 세대의 굿즈 수집과 관련된 조사에 따르면, 응답자들의 37퍼센트가 '수집 그 자체가 재밌기 때문에 수집한다'라고 응답했다. 그리고 응답자의 80퍼센트 이상이

'기업이 굿즈를 주기적으로 제작하고 판매하는 것을 긍정적으로 생각한다'라고 답했다.

다양한 경험을 즐기는 MZ세대에게 적은 돈으로 독특한 경험을 할 수 있는 굿즈 수집은 즐거운 취미다. 따라서 기업은 MZ세대를 커뮤니티화하고 팬덤화하기 위해서 그들이 관심을 가질 만한 주제를 끊임없이 발굴하고, 해당 대상과 콜라보를 통해서 한정판 굿즈를 만들어내는 기획을 주기적으로 해야 한다.

MZ세대는 굿즈 구매 과정에서도 재미를 찾는다

마지막으로, 굿즈를 구매하는 과정 자체가 즐거워야 한다. 메가박스는 예술영화를 좋아하는 덕후들에게 '메가박스 필름 소사이어티Megabox Film Society'라는 멤버십에 가입하도록 유도하기 위해 영화를 보고 난 후 특별한 굿즈 증정 이벤트를 시행하고 있다. 필름 소사이어티 멤버십에 가입하고 지정된 예술영화를 관람할 때마다 스탬프를 찍어주는데 매번 스탬프를 획득할 때마다 특별한 굿즈를 제공한다.

가령 첫 번째 관람 미션을 완수하면 북마크 굿즈를 제공하고, 스탬프를 3개 받으면 유명 영화의 대사가 프린트된 마스킹 테이프를, 최종 미션을 달성하면 무비 다이어리를 제공한다. 예술영화 덕후들은 특별한 굿즈를 얻는 것도 좋지만, 이런 과정을 통해 게임을 하듯 하나하나 굿즈를 획득하는 과정 자체에서 큰 즐거움을 찾는다.

스타벅스도 정해진 기간 동안 전국에 있는 주요 스타벅스 매장을 방문하고 스탬프를 다 모을 경우 특별한 선물을 주는 '스타벅스 스탬프 투어' 이벤트를 주기적으로 실시하고 있다. 이처럼 기업들은 굿즈를 기획할 때는 단순히 제품을 제작하고 판매하는 형태에서 탈피해, 팬들이 굿즈를 수집하기 위해 자발적으로 시간과 노력을 들이고 그 과정에서 즐거움을 느낄 수 있도록 굿즈 수집 과정도 정교하게 설계할 필요가 있다.

　고객을 단순한 소비자가 아니라 기업의 제품과 서비스에 오랫동안 애정을 가지는 팬 집단으로 커뮤니티화하려면 이들이 꾸준히 다양한 방식으로 수집하고자 하는 것들을 끊임없이 만들어야 한다. 소비자와 달리 팬은 자신들이 좋아하는 브랜드에 대한 이야깃거리, 즉 기업의 핵심 비전이나 흥미로운 스토리를 찾으면서 브랜드와 관련된 의미 있는 굿즈를 소유하려고 애쓴다. 스타벅스와 나이키처럼 팬슈머를 확보하고 성공적으로 커뮤니티를 활성화시킨 기업을 벤치마킹하고 싶다면, 그들이 어떻게 희소한 굿즈를 끊임없이 기획해서 성공적으로 론칭하는지 연구할 필요가 있다.

브랜드
세계관을
구축하라

사랑받는 브랜드에는 정체성, 철학, 신념이
자연스럽게 드러나는 세계관이 필요하다.

2020년 2월 빙그레의 인스타그램 공식 계정에 '안녕?'이라는 짧은 글과 함께 자아도취에 빠진 듯한 만화 속 왕자 캐릭터의 셀카 사진이 올라왔다. 이 왕자 캐릭터의 이름은 '빙그레우스 더 마시스'다. '마시스'는 '맛있어'에서 나온 말이다. 이름에서도 느껴지는 B급 감성의 캐릭터에 빙그레 인스타그램 팔로워들은 '인스타 담당자님, 얼마 안 있으면 퇴사하시나요?'와 같은 익살스러운 댓글들을 달면서 폭발적인 반응을 보였다.

'빙그레우스'는 머리부터 발끝까지 빙그레 제품들을 상징하는 의상을 입은, 한마디로 빙그레 전체 브랜드의 정체성을 담아낸 만화 캐릭터다. 이 캐릭터는 철저하게 MZ세대가 좋아할 만한 콘셉트로 사

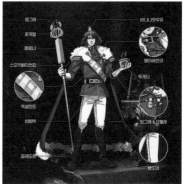

출처 : https://www.instagram.com/binggraekorea

빙그레 공식 인스타그램에 '안녕?'이라는 멘트와 함께 처음 등장한 캐릭터(좌)와 머리부터 발끝까지 빙그레 제품들을 상징하는 의상을 입고 있는 빙그레우스(우).

전 기획되었다. 특히 기존의 팬덤이 존재하는 애니메이션 캐릭터가 아닌, MZ세대로부터 단시간에 흥미를 끌 수 있도록 '병맛스럽고', 'B급스러운' 정체성을 그대로 담아낸 캐릭터다. '내가 누군지 궁금하오?', '찍지 말랬는데도 참'과 같은 다소 느끼한 멘트와 함께, 끊임없이 자아도취적인 셀카를 올리는 이 캐릭터는 일반적인 브랜드 캐릭터와는 상당한 차별점이 있다.

병맛 캐릭터로 소비자와 소통하는 빙그레

흔히 기업들이 상징적인 브랜드 캐릭터를 만들 때는 기업의 역사가 담긴 브랜드 스토리를 만들고, 이를 광고성 메시지에 담아 전달하는 경우가 많다. 즉 기업의 정체성과 메시지를 담은 캐릭터가 대부분이다. 하지만 이러한 일방향적인 캐릭터는 MZ세대에게 호감을 얻기 어렵다. 이와 달리 빙그레는 철저하게 소비자와 쌍방향 소통이 가능하고 '재미 요소'까지 주는 캐릭터를 기획해 소비자들과 함께 브랜드 캐릭터의 세계관을 구축해나가고 있다.

단순하게 병맛 애니메이션 캐릭터를 만들어 전달한 것이 아니라, 소비자들이 인스타그램에 댓글을 달면 해당 캐릭터가 왕족 말투로 댓글을 끊임없이 달아준다. 이러한 상호소통이 가능한 캐릭터에 매력을 느낀 소비자들은 빙그레우스의 반응을 보기 위해 계속 질문을 던지고 댓글을 단다. 예를 들어 캐릭터의 의상에 대해서 '왕자님 메로나랑 꽃게랑이 붙어 있으면 꽃게랑 안 눅눅해지나요?'라고 댓글을 달면, 왕자가 '그렇소, 잘 보면 중간에 살짝 떨어져 있소'라고 답해준다.

흥미로운 사실은 이 과정에서 자연스럽게 브랜드의 캐릭터가 완성된다는 점이다. 소비자가 '왕자님의 MBTI는 뭔가요?'라고 댓글을 달면, 왕자는 특유의 말투로 'B.I.N.G였소'라고 댓글을 단다. 여기서 'B.I.N.G'는 빙그레우스의 '빙'과 젊은이들이 자주 쓰는 '빙구 웃음'이라는 단어의 '빙'을 의미하는 중의적 표현으로 해석이 가능하다.

이처럼 소비자들과의 다양한 소통을 통해 빙그레우스 캐릭터의 성격과 의상에 대한 디테일 등이 훌륭하게 완성된다. 이 과정에서 소비자들은 캐릭터에 더욱 몰입하고 자연스럽게 친근감을 가질 수 있다.

캐릭터를 만들고 세계관을 구축하는 이유

빙그레는 가상세계 '빙그레 나라' 속 캐릭터를 둘러싼 세계관도 팬들과 함께 차근차근 만들어나가고 있다. 예를 들어 빙그레 아이스크림 '비비빅'은 '비비빅 군'이라는 일 잘하고 힘 좋은 '신하' 캐릭터로 재미있게 소개해서 관련 댓글이 1만 개가 넘게 달렸다. 댓글은 대부분 '비비빅 군' 캐릭터에 대해 더 소개해달라거나, 직접 캐릭터의 정체성을 설명하는 내용이었다.

빙그레 나라에서는 '비비빅 군' 외에도 '투게더리고리경'과 '옹떼 메로나 브루쟝'이 소비자들과 소통하고 있다. 이처럼 빙그레가 만들어낸 각종 제과 및 빙과들은 만화 캐릭터로 재탄생해 빙그레 나라에서 흥미로운 스토리를 만들어내고 있다.

빙그레는 캐릭터 간의 관계가 좀 더 살아 숨 쉬도록 하기 위해 끊임없이 흥미로운 시도를 하고 있다. 캐릭터들에 대한 소비자의 관심이 높아지자 자신들이 만든 세계관에 방점을 찍을 만한 캠페인을 기획한다. 2020년 8월 유명 뮤지컬 배우들을 성우로 기용해 '빙그레 메이커를 위하여'라는 빙그레 나라 캐릭터들이 모두 등장하는 뮤지컬 형태의 애니메이션을 제작했다. 이 뮤지컬 형태의 동영상은 3주 만에 600만이 넘는 조회 수를 기록했으며, 댓글과 '좋아요' 역시 3만 건이 넘는 놀라운 반응을 이끌어냈다. MZ세대가 빙그레가 구축해가고 있는 세계관에 공감하며 즐거움을 느낀다는 방증이다.

빙그레우스 더 마시스에 대한 반응은 폭발적이다. 빙그레스러운 톤앤매너로 사랑받던 공식 인스타그램은 빙그레우스의 등장 이후, 한 달이 채 되지 않아 1만 5000명 이상의 새로운 팔로워들을 확보했다. 계정 안에서는 빙그레우스가 팬들과 끊임없이 쌍방향 소통을 하고 있다. 워낙 빙그레우스가 재미있는 댓글을 달아주기 때문에 한 게시물당 팬들의 댓글은 수천 개가 넘는 경우가 빈번하다. 그리고 하나의 댓글에 끊임없이 빙그레우스와 여러 소비자들이 서로 주고받는 댓글 릴레이가 이어지는 경우도 많다. 과거 빙그레가 운영하던 공식 인스타그램 계정이 광고 메시지를 전달하는 도구 역할을 했다면, 지금의 계정은 빙그레우스를 좋아하고 그 세계관에 빠져든 사람들이 모여서 시간을 보내는 커뮤니티 공간이 되었다.

배달의민족도 브랜드 캐릭터 '배달이'를 등장시켰다. '독고배달이' 캐릭터를 광고 스토리텔러로 사용할 뿐 아니라, MZ세대가 좋아할 만한 세계관을 구축하기 위해 다양한 변신을 거듭하고 있다. 예를 들어, 약어나 초성만으로 메시지를 주고받는 MZ세대의 소통 방식에 착안해 '배달이의 외마디'라는 한 글자로 이루어진 카카오 이모티콘을 무료로 배포하는 식이다.

이런 이벤트를 통해 독고배달이 캐릭터는 MZ세대에게 친근하게 다가가고 있다. 그 외에도 배달이 가계도와 '배달계의 명문가, 독고배달 집안의 비밀'이라는 글을 배달의민족 블로그에 올리고 있다. 2021년 11월에는 배달이 캐릭터를 만나는 팝업 스토어도 기획했다.

빙그레 제품들을 의인화한 가상세계 빙그레 나라의 캐릭터들.

독고배달이 외에 그를 둘러싼 세계관을 형성하기 위해 '메이배달이', '냥이배달이' 등 총 15명의 캐릭터를 한국의 전통 민속인형 '꼭두'의 형태로 조각해 전시했다. 오프라인 행사에서 배달이 친구들까지 캐릭터화해서 등장시킨 것은 소비자들이 배달이 캐릭터를 좀 더 가깝게 느끼고 캐릭터와 관련된 세계관에 빠져들도록 하기 위해서다.

빙그레와 배달의민족 등 MZ세대를 대상으로 제품과 서비스를 팔고 있는 기업들이 캐릭터를 만들어 세계관을 구성하는 이유는 팬을 만들기 위해서다. 수많은 콘텐츠들이 쏟아지는 디지털 세상에서 기업들이 만든 콘텐츠를 지속적으로 팔로우하는 구독자를 만들기란 쉽지 않다. 기업이 만든 콘텐츠는 주로 정보 위주이거나 설득하려는 내용이 대부분이기 때문이다. 그래서 소비자들은 해당 제품이나 서

© Woowa Brothers.

카카오톡 무료 이모티콘인 배달이의 외마디를 배포한 배달의민족.

비스에 대한 니즈가 활성화되지 않는 한 주기적으로 기업이 만든 자체 플랫폼에는 들어가지 않는다.

빙그레의 사례처럼 가상세계에서 자발적으로 브랜드와 소통하는 소비자들을 만나고 싶다면, 완성된 캐릭터로 일방향적인 소통을 할 게 아니라 팬들이 관심을 가질 만한 형태와 스토리를 가진 캐릭터를 만들어놓고 그 캐릭터를 둘러싼 세계관을 팬들과 함께 구축해나가야 한다. 그리고 비슷한 세계관을 공유하는 사람들이 다양한 형태의 커뮤니티에 자발적으로 모여 끊임없이 세계관을 소비하고 재창조하는 작업을 하도록 유도해야 한다.

브랜드 세계관의
3가지 핵심 요소

유니버스^{Universe}란 특정한 지식이나 관점을 가지고 세계를 인식하는 방식이라고 정의할 수 있다. 브랜드 유니버스는 브랜드의 정체성, 철학, 신념, 관점 등이 자연스럽게 드러나는 세계관을 구축해 그 안에서 소통하기를 원하는 팬들을 만들어나가는 작업이다. 브랜드 유니버스에 성공하기 위해서는 크게 3가지 전제 조건을 충족해야 한다.

유니버스 속 캐릭터와 배경을 연결하라

첫 번째는 '연결성^{Connectivity}'이다. 브랜드 유니버스에는 다양한 스토리가 있어야 하고, 이 스토리 안에는 살아 숨 쉬는 캐릭터가 존재해야 한다. 무엇보다 이 캐릭터들은 하나의 세계관으로 연결되어 있어야 한다. KBS와 SBS 출신 공채 개그맨 세 명이 만든 유튜브 채널 '피식대학'은 처음에는 단순히 대학생 공감 콘텐츠를 만들어 재미를 준다는 콘셉트였지만, 이후 자신들이 만든 캐릭터들을 서로 연결하는 세계관을 성공적으로 구축해서 젊은층으로부터 폭발적인 팬덤을 형성하는 데 성공했다.

현재 '한사랑 산악회', '05학번 이즈백', 'B대면 데이트'와 같은 개별 콘텐츠들은 각각 차별적인 콘텐츠이면서 동시에 같은 세계관을 공유하여

일명 '피식대학 오리지널 시리즈'라고 불린다. 이러한 연결성이 중요한 것은 세계관을 만드는 이유가 소비자들과 깊이 있는 수준의 소통을 하기 위함이기 때문이다. 성공적인 브랜드 유니버스를 형성하기 위해서는 하나의 매력적인 캐릭터나 강한 브랜드력을 가진 제품 혹은 서비스만을 부각시키는 데서 탈피해 해당 브랜드가 가진 신념과 사상 그리고 철학을 소비자들이 궁금해하도록 하는 배경을 만들어야 한다. 그 배경은 상호 연결된 주요 캐릭터들의 '케미'를 통해 보다 깊이 있게 발전할 수 있다.

우선 다양한 스토리 안에 있는 캐릭터 중 특정 캐릭터에 소비자가 관심을 갖게 해야 한다. 그렇게 되면 자연스럽게 다른 캐릭터들이 만들어 가는 스토리에 대한 관심도 끌어올릴 수 있다. 가령 최근 론칭한 디즈니 플러스의 오리지널 드라마 시리즈인 '더 만달로리안The Mandalorian'에 빠지면, 자연스럽게 이 시리즈가 스타워즈의 전체 '사가Saga(스타워즈 시리즈의 연대기)'에서 어떤 시간대에 있는 작품인지 궁금해진다. 이 과정에서 스타워즈 오리지널 시리즈를 다시 보고 싶게 만드는 것과 같은 원리다.

함께 공유하며 만들어가게 하라

두 번째는 '개방성Openness'이다. 브랜드가 전개하는 스토리는 기업 주도가 아닌 소비자 주도로 이루어져야 한다. 한국야쿠르트의 가상그룹 '하이파이브'도 주요 캐릭터가 노래할 버스킹 곡을 추천받는 고객 참여형 이벤트를 끊임없이 만들고, 이 과정에서 받은 고객의 피드백을 전체 스토리 전개에 반영하려고 노력한다.

BTS도 팬들과 함께 공유하고 만들어나가는 세계관을 통해 성장한 것으로 잘 알려져 있다. 이들은 곡을 발표할 때마다 가사나 뮤직비디오 내에 '융 심리학', '뫼비우스의 띠' 등 팬들이 다양하게 해석할 수 있는 비밀스러운 개념들을 의도적으로 집어넣기로 유명하다.

이러한 방식을 '트랜스미디어 스토리텔링 Transmedia Storytelling'이라고 한다. 하나의 스토리나 경험이 여러 가지 플랫폼을 통해 독립적이면서 동시에 유기적으로 연결될 수 있도록 의도하는 스토리텔링 전략을 의미한다. 이 전략의 핵심은 디지털 기술을 활용해 소비자가 해당 스토리를 단순히 소비하는 게 아니라, 스스로 스토리를 해석·편집·변주해 재창조할 수 있게 한다는 것이다. BTS 역시 그들이 만들어내는 콘텐츠가 팬들로 하여금 재해석되고 자신들만의 상상력을 부여하는 등 독창적인 해석이 담긴 새로운 세계로 구축될 수 있는 자원을 제공하고 있다.

이러한 스토리텔링에 성공하기 위해서는 오리지널 콘텐츠를 제공하는 단계에서부터 어느 부분에 어떤 소스를 비밀스럽게 포함시켜 소비자들이 이를 변형시킬 수 있게 할지를 염두에 두어야 한다. 이로써 소비자들은 수동적인 객체에서 스토리를 적극적으로 재창조하는 팬덤으로 성장하게 된다.

무한한 확장의 가능성을 가진 세계관을 구축하라

마지막으로 중요한 것은 '확장성'이다. 웹드라마 제작사 플레이리스트 Playlist 는 〈연애플레이리스트〉, 〈에이틴 시리즈〉 등을 만들었는데, 흥미롭

출처 : http://playliststudio.kr/careers

플레이리스트는 서로 다른 웹드라마 간의 연결성을 위해 플리버스라는 세계관을 만들었다.

게도 이 작품들 속 등장인물들은 하나의 '지형적 세계관'을 공유한다.

〈에이틴〉의 주인공이 〈연애플레이리스트〉의 주인공들이 다니는 서연
대학교에 입학하기를 희망하고, 이들이 방과 후 즐겨찾는 카페 '리필'에
서는 〈연애플레이리스트〉 주인공이 아르바이트를 한다. 한마디로 플레
이리스트의 드라마들을 본 사람들은 자연스럽게 작품 속에 등장하는 장
소들의 지도를 쉽게 머릿속으로 그릴 수 있다.

플레이리스트는 작품 속 캐릭터들의 세계관을 구축하는 '플리버스
Plyverse'라는 문서를 제작해 팬들에게 제공한다. 이런 플레이리스트 세계
관 안에서 한 번 등장한 장소나 설정은 자연스럽게 다른 작품에도 이어

진다. 이런 이유로 하나의 웹드라마에 빠진 사람들은 다른 웹 드라마에도 쉽게 빠져들 가능성이 높다.

이처럼 세계관 형성에서 확장성이 중요한 이유는 기업이 만든 브랜드와 관련된 콘텐츠들이 무한한 확장의 가능성을 가진 세계관에 속해 있을 때, 새로운 콘텐츠를 소비자들에게 손쉽게 제시할 수 있기 때문이다. 신규 콘텐츠를 론칭할 때 핵심 설정이나 배경 등 부가적인 설명을 할 필요가 줄어든다.

최근 대부분의 기업들은 브랜드 커뮤니티 구성에 많은 관심이 있다. 다만 이를 성공적으로 구현하려면 커뮤니티 형성의 주요한 축을 이루는 브랜드 세계관, 즉 유니버스 구축 시 연결과 확장성 개념을 잘 이해하고 쌍방향적인 일체화된 고객 경험을 전달하기 위해 노력해야 할 것이다.

온오프를
넘나드는
경험을
전달하라

애플은 왜 애플스토어를 버리고
새로운 형태의 매장을 론칭했을까?

　2017년, 애플은 잘나가는 애플스토어를 버리고 새로운 형태의 매장인 '타운스퀘어Town Square'를 론칭했다. 기존의 애플스토어는 자유로운 매장 경험을 통해 방문 고객 간의 상호소통을 극대화하는 형태로 운영되었다. 반면 타운스퀘어는 기본적인 틀을 유지하되, 좀 더 고객들을 모아 네트워킹하는 오프라인 커뮤니티 장소의 개념이 강하다.

　그동안 축적된 스토어 운영 경험을 진화시켜 지역 주민들과 기업에 봉사하고 이를 통해 현대적 의미의 타운스퀘어를 만들겠다는 것이 애플의 의도다. 종전에는 스토어 안에서 혁신적인 제품을 전시해 판매하고 AS를 제공하는 데 그쳤다면, 이제는 지역 주민들이 모여서 관심 현안에 대해 이야기하고, 때로는 예술가들이 모여 영감을 교환하는 다양한 오프라인 커뮤니티 공간으로 확장하고 있다.

애플이 타운스퀘어를 오픈한 이유

애플이 제품을 판매하는 공간의 의미를 지닌 '스토어'라는 이름을 버리고 사람들이 모이는 장소라는 의미의 '스퀘어'를 선택한 이유도 여기에 있다. 커뮤니티 형태로 매장이 운영되면 더 많은 고객들이 상시적으로 모이게 될 것이고, 매장 안에서 머무는 시간도 길어질 것이다. 이러한 변화 속에서 고객들은 매장 안의 제품과 더불어 애플 브랜드에 더욱 친숙해질 것이며, 친숙함은 호감도로 이어질 가능성이 크다.

현재 타운스퀘어는 고객들의 잠재된 가능성을 더욱 키우고 현실화할 수 있도록 돕는 장소로 운영되고 있다. 즐거운 경험을 주는 공간을 넘어서, 고객의 '자기실현Self-Actualization'을 돕는 공간으로 탈바꿈하고자 하는 것이다. 고객의 꿈을 현실화해주는 곳, 고객이 상상한 것들이 현실화되는 공간이 앞으로 애플이 만들어나가고 싶은 타운스퀘어의 지향점이다. 그 일환으로 타운스퀘어 내에 스타트업 지원 장소인 '보드 룸'을 만들어서 창업을 꿈꾸는 사람들에게 제공해주고 있다. 또한 애플은 타운스퀘어 매장에서 다양한 형태의 교육 프로그

214

출처 : https://www.apple.com

스토어 대신 스퀘어라는 이름을 사용해 커뮤니티에 집중한 애플의 타운스퀘어.

램도 제공할 계획이다.

타운스퀘어를 방문한 고객들은 '투데이앳애플Today at Apple'이라는 고객 참여형 세션 프로그램을 체험할 수 있다. 10대를 대상으로 한 코딩 교육 세션이나 사진 촬영의 기본기를 익히고 창의적인 방식으로 결과물을 편집하는 법을 배우는 세션도 있다. 이 모든 과정에서 핵심적인 역할을 하는 도구들은 당연히 애플의 제품들이다. 애플은 이 과정을 통해서 끊임없이 규칙을 벗어나는 다양한 시도를 강조한다. 그들의 핵심 비전인 '다르게 생각하라'를 가장 자연스러운 방식으로 고객에게 주입하고 있는 것이다.

매장 내 직원 조직에 대한 혁신도 단행했다. 기존의 스토어는 애플 제품을 사랑하고 제품에 대한 이해도가 높은 직원들을 고용해서 이

· 성공적인 커뮤니티를 만드는 7가지 법칙 ·

215

들을 '지니어스Genius'라고 칭하고 '지니어스 바Genius Bar'를 운영해왔다. 하지만 타운스퀘어를 방문하면 '크리에이티브 프로Creative Pro'라는 창의적이고 전문적인 지식을 가진 직원들이 고객들에게 애플스토어와는 다른 다채로운 도움을 준다. 이들은 제품에 관한 지식뿐 아니라 한 가지 이상의 전문성(음악, 미술과 같은 예술적 재능 등)을 가진 인재들로 구성되어 있고, 방문 고객들에게 가치를 주는 다양한 교육 프로그램을 주도적으로 만들어 제공하는 역할도 맡고 있다.

애플의 공식 채용 정보를 보면 이들 크리에이티브 프로의 상세한 직무 역할과 함께 가장 중요한 직무 역량이 적혀 있다. 그중 하나가 '소비자들에게 최선의 고객 경험을 전달하고자 하는 애플의 패션Passion에 깊이 있고 진심으로 동의하는 것'이다. 애플은 이들을 통해서 자사의 핵심 비전을 전달하고, 거기에 동의하는 커뮤니티 집단을 형성하는 것을 무엇보다 중요하게 생각하고 있다.

이러한 변화는 오프라인 매장을 통해 제품을 많이 파는 데 초점을 두기보다는 고객을 핵심 팬덤 커뮤니티 집단으로 만들겠다는 의도를 담고 있다. 애플은 자사의 비전이 담긴 가치를 고객들에게 충분히 전달하기 위해서는 생생하게 살아 숨 쉬는 공간이 필요하다는 사실을 잘 알고 있다. 그속에서 애플의 비전을 정확하게 이해하고 깊이 있는 방식으로 전달할 수 있는 인재를 길러내고, 그들이 고객들과 교류하게 함으로써 진정한 커뮤니티를 형성할 수 있다고 본 것이다.

결국 커뮤니티는 온라인 플랫폼 하나로 완성되지 않는다. 실시간으로 사람들이 모이고 그 안에서 기업의 비전을 구체적으로 전달할 수 있는 중요한 직원과 고객들이 상호 네트워킹을 해야만 비로소 완성될 수 있다. 많은 기업들이 온라인을 넘어서서 오프라인 커뮤니티 공간을 여는 이유도 여기에 있다.

제품이 아니라 라이프스타일을 파는 룰루레몬

과거의 브랜드 스토리텔링 방식은 고객의 가슴을 울리는 좋은 슬로건을 만들어낸 후 이를 광고로 간접 경험하게 하는 것이었다. 하지만 오늘날의 소비자들은 해당 브랜드가 추구하는 핵심적인 고객 경험을 일상생활 속에서 체험하고, 브랜드와 일체화되는 경험을 하기를 원한다.

소비자들의 이런 변화에 따라 최근에는 직접적인 체험을 오프라인 공간을 통해 전달하려는 브랜드가 하나둘씩 생겨나고 있다. 대표적인 브랜드가 '룰루레몬 애슬레티카Lululemon Athletica'(이하 룰루레몬)다. 현재 북미와 유럽, 아시아, 중동, 호주 등 전 세계에서 1만 2000명 이상의 직원들과 함께 400개 이상의 매장을 운영하고 있다. 건강한 라이프스타일을 모토로 삼는 스포츠웨어 브랜드로 요가를 비롯해 러닝, 트레이닝 등 모든 운동에 적합한 혁신 제품을 선보이고 있다.

특히 룰루레몬은 요가나 필라테스를 즐기는 여성들 사이에서 '요

Welcome to our online community. Your go-to space for ambassador-led workouts, yoga flows, and meditations, plus inspiring articles and fun playlists to get you moving.

출처 : https://www.lululemon.co.kr/ko-kr/home

다양한 사람들과 교류할 수 있는 룰루레몬의 커뮤니티.

가복의 샤넬'이라 불리면서 매년 놀라운 성장세를 보이고 있다. 코로나19로 시장환경이 악화되었음에도 불구하고 꾸준히 성장해 2021년에는 매출액 62억 5000달러로, 전년(약 44억 달러) 대비 약 42퍼센트 증가했다. 놀라운 점은 룰루레몬이 속한 액티브웨어 시장에는 나이키, 아디다스 같은 강력한 팬덤을 가진 빅 브랜드들이 포진하고 있다는 사실이다.

전문가들은 빅 브랜드가 선점한 시장에서 가파르게 성장하는 룰루레몬의 성공 비결의 중심에는 강력한 '룰루레몬 커뮤니티'가 존재한다고 말한다. 룰루레몬의 브랜드 철학인 '스웻 라이프Sweat Life'는 그들이 고객에게 전달하고자 하는 핵심 경험이기도 하다. 고객들이 운동을 통해 '땀 흘리고 Sweat', 함께 운동하며 '관계를 맺고 Connect', 삶에서 '성장한다 Growth'는 스토리텔링을 담고 있다. 고객들이 자연스럽게 룰루레몬의 커뮤니티에 들어와서 다양한 멤버들과 교류하며 자신의 삶 속에서 스웻 라이프를 일체화하는 경험을 할 수 있게 하는 것이 룰루레몬의 궁극적인 목표이자 성장의 핵심 동력이다. 최근 국내 최대 캠핑 축제 '고아웃 캠프'에서 체험 공간을 열고, 바쁜 도심 생활을 벗어난 참가자들에게 건강한 삶에 한 발짝 가까워질 수 있는 다양한 방법을 제시했다.

룰루레몬이 추구하는 유니버스의 핵심적인 역할을 하는 곳은 오프라인 플래그십 스토어다. 그들에게 매장은 물건을 파는 장소가 아니다. 직원은 '판매원'이 아니라 '에듀케이터 Educator'라고 불린다. 방문하는 사람도 소비자나 고객이 아닌 '게스트 Guest'가 된다. 에듀케이터는 운동에 관심 있는 게스트에게 적합한 제품을 추천해주고, 운동법이나 건강하게 사는 라이프스타일에 대한 조언도 하도록 훈련받는다.

그 외에 룰루레몬의 유니버스에는 '앰배서더 Ambassador'라고 불리는 집단도 존재한다. 룰루레몬의 앰배서더는 운동선수와 필라테스 강사 등 창의적인 영감을 주는 직업을 가진 사람들로 구성되어 있는데, 이들의 삶은 룰루레몬을 통해 다양한 방식으로 공유된다. 또한 서로 네트워킹하면서 이들과 함께 운동할 수 있는 무료 수업도 열린다. 룰루레몬은 유니버스에서 중요한 역할을 하는 캐릭터들을 기획하고, 소비자들이 그들의 유니버스 안에서 진정한 스웻 라이프를 일체화하는 데 도움을 주고자 노력하고 있다.

커뮤니티를 기반으로 한 룰루레몬의 차별화된 가치는 나이키나 아디다스보다 높은 영업이익으로 증명되었다. 2022년 4월 투자분석회사인 와이차트YCharts가 발표한 자료에 따르면, 룰루레몬의 매출총이익률은 2021년 말 기준으로 58퍼센트에 이르며, 2017년에 비해 10퍼센트 이상 성장한 것으로 나타났다. 강력한 경쟁자인 나이키의 매출총이익률 46퍼센트에 비해 12퍼센트나 높은 수치다.

높은 영업이익의 비결은 룰루레몬이 나이키나 아디다스 같은 여타의 빅 브랜드들과는 달리 광범위한 마케팅을 하지 않는 데 있다. 룰루레몬이 시끌벅적한 컬래버레이션이나 화려한 TV광고 등 대규모 마케팅에 돈을 쓰지 않아도 되는 이유는 그들의 핵심 비전인 스웻 라이프를 진심으로 믿고 따르는 강력한 커뮤니티가 존재하기 때문이다. 스웻 라이프의 진정성을 신뢰하고 추종하는 강력한 팬덤을 가진 커뮤니티 덕분에 룰루레몬은 마케팅에 의존하지 않고도 높은 수익을 올리고 있다.

룰루레몬 매장에 가면 나와 비슷한 가치관과 건강한 라이프스타일을 추구하는 다양한 사람들을 만날 수 있다. 그들과 함께 운동 프로그램에 무료로 참석하고 그 프로그램 안에서 교류할 수도 있다. 이 매장은 매력 있고 세련된 요가복을 살 수 있는 공간이자, 나에게 맞는 라이프스타일에 대해 조언해줄 수 있는 사람들을 만나 스트레스를 풀고 의미 있는 정보를 얻을 수 있는 커뮤니티다. 룰루레몬 커뮤니티의 핵심가치는 아날로그 냄새가 물씬 풍기는 오프라인 플래그십을 중심으로 충분히 전달되고 있다.

온라인의 약한 유대와
오프라인의 강한 유대를 결합하라

위워크가 일을 하는 방식을 바꿔놓았다면, 일에서 벗어나 집에서 돌아온 후의 삶을 바꿔놓겠다는 모토로 새로운 공유 서비스를 만드는 기업이 하나둘 생기고 있다. 그중 하나가 국내 코리빙^{Co-Living} 분야에서 혁신을 만들어가고 있는 '맹그로브^{Mangrove}'다.

코리빙은 '함께^{Cooperative}'와 '산다^{Living}'가 결합된 신조어다. 화장실이나 침실과 같은 개인공간은 있지만 주방이나 거실 같은 곳에서는 타인과 공유하는 집에 머무는 것을 의미한다. 코리빙 분야는 차량을 공유하거나 사무실을 공유하는 것과는 다른 어려움이 있다. 대부분의 사람은 사적인 공간에서는 혼자만의 시간을 보내고 싶어하기 때문이다. 일이 끝난 후 지친 몸을 이끌고 집에 왔을 때 다른 사람과 장소를 공유한다는 게 쉬운 선택은 아니다. 맹그로브는 다양한 매력이 있는 공간과 콘텐츠를 통해 이러한 부정적인 이미지를 덜어내고, 코리빙을 더 매력적인 공간으로 만들어내기 위해 노력하고 있다.

맹그로브라는 브랜드 네임은 열대지역 해안가에서 자라는 식물을 가리킨다. 강과 바다가 만나는 지역에서 자라고 뿌리가 밖으로 노출되는 특징이 있으며, 다양한 동식물들의 보금자리가 되어주는 것으로 유명하

서울 동대문구에 위치한 맹그로브 신설의 커뮤니티 라운지.

다. MGRV가 맹그로브라는 식물 이름을 브랜드 이름으로 정한 이유는 다

양한 개성을 가진 사람들이 서로 조화를 이루며 한 공간에서 각자의 꿈

을 키워나가는 코리빙 하우스를 만들어나가겠다는 회사의 비전과 잘 맞

기 때문이다.

커뮤니티적 가치가 돋보이는 맹그로브의 공간들

맹그로브가 기존의 셰어하우스와 다른 점은 다양한 매력이 있는 커뮤

니티 공간을 제공한다는 것이다. 맹그로브에 거주하는 멤버십을 얻으

면, 지하 2층에 위치한 멤버 라운지를 이용할 수 있다. 이 라운지에는 도

서관이 있는데 단순히 책을 보는 공간이 아니다. 맹그로브는 '건강한 삶

Wellness', '환경과 사회 Change'와 같은 매력 있는 8가지 카테고리에 적합한

다양한 책들을 큐레이션해준다.

좀 더 집중해서 업무를 보거나 공부를 하고 싶다면 '포커스 존Focus Zone'을 이용하면 된다. 라이브러리와 포커스 존은 책을 보거나 업무를 하는 곳이자 커뮤니티적인 가치를 제공하는 공간이기 때문에 멤버들이 모일 수 있는 다양한 이벤트가 펼쳐진다. 예를 들면 1층에 위치한 카페 쏘리낫쏘리Sorrynotsorry에서는 '모닝 커피 브루잉Morning Coffee Brewing' 세션이 열리기도 하고, 유명 작가들을 불러 진행하는 북토크 세션, 다양한 형태의 DIY 작품을 만드는 세션이 열리기도 한다.

이러한 커뮤니티 활동들은 '맹그로브 소셜 클럽Mangrove Social Club' 멤버만 이용할 수 있는 전용 앱을 통해서 예약할 수 있다. 멤버들 간의 교류가 중요하기 때문에 때로는 '맹그로브 인사이더'라 불리는 내부 직원이나 거주 멤버들이 직접 세션을 열기도 한다.

맹그로브가 제공하는 커뮤니티적인 가치는 여기서 끝나지 않는다. 부엌은 누군가와 함께 음식을 만들거나 시간을 보낼 수 있는 중요한 커뮤니티 공간이다. 그래서 건물 3층부터 19층 사이에 총 7개의 공유 키친을 운영하고 있는데 이 키친들은 제각각 다른 형태를 갖고 있다. 혼자 조용하게 식사하고 싶다면 그에 맞는 키친을 이용하면 되고, 여러 명이 함께 음식을 만들어 먹고 싶다면 해당 타입의 키친을 이용할 수 있다.

맹그로브는 다양한 공간에 매력적인 콘텐츠를 구성해서 커뮤니티 활동이 원활하게 이루어질 수 있도록 돕는다. 결국 이런 커뮤니티적인 가치가 맹그로브를 셰어하우스와는 다른 수준 높은 코리빙적인 가치를 실현하는 공간으로 만들어주고 있다.

맹그로브의 핵심가치는 물리적인 위치와 공간이 가진 장점을 넘어서는 커뮤니티의 매력에 있다. 그래서 맹그로브에 장기 투숙한 거주자들 중에는 자발적으로 맹그로브에 공동 프로젝트를 제안하는 경우도 빈번하다. 거주민과 맹그로브가 함께 잡지를 만들거나 거주민들을 위한 세션을 구성하는 등의 활동이 자발적으로 이루어진다. 이런 활동들의 면면을 보면, 왜 맹그로브 웹사이트에 'LIVE & GROW'란 두 단어가 등장하는지 이해할 수 있다. 결국 맹그로브는 '사는 것'을 파는 곳이 아니라 서로 다른 가치를 가진 사람들이 어울려 살아가고, 그 과정에서 좋은 영향을 주고받으며 '성장하는 스토리'를 파는 곳이다.

온라인과 오프라인의 끊임없는 연결 경험이 중요하다

스토어라는 개념을 타운스퀘어로 바꾼 애플, 매장 내에 커뮤니티를 위한 공간을 끊임없이 만들어가는 룰루레몬, 거주 공간을 팔면서 커뮤니티 기능을 핵심가치로 생각하는 맹그로브… 우리는 이들 기업의 사례를 통해 오프라인 공간이 가지는 가치를 자연스럽게 느낄 수 있다. 커뮤니티의 핵심가치는 '연결Tie'에서 나온다. 흔히 강한 연결Strong Tie을 가진 관계는 오프라인에서 자주 만나는 사람들로 정의된다. 상대적으로 약한 연결Weak Tie은 오프라인에서 만난 적은 없지만 온라인 세상에서 연결된 관계를 의미한다.

많은 연구가 약한 연결이 강한 연결만큼 강력한 역할을 하는 경우가 빈번하다는 사실을 보여주고 있다. 존스홉킨스대학의 사회학자 마크

그라노베터Mark Granovetter는 그의 논문 〈약한 유대관계의 힘The Strength of Weak Ties〉에서 구직과 같은 중요한 정보를 얻는 데 있어서 1년에 한 번 정도 만나는 약한 유대를 맺고 있는 사람이 강한 유대를 맺고 있는 사람보다 더 도움이 된다는 결과를 발표했다. 약한 유대관계는 연결 고리가 약한 반면 그 범위가 넓기 때문에 더 다양한 정보를 얻을 수 있고, 이런 정보 중 도움이 되는 경우가 많기 때문이다. 즉 새로운 아이디어는 유대관계가 강한 사람들보다는 온라인상의 친구들로부터 나올 가능성이 높다는 의미다.

그렇지만 강한 유대가 중요한 역할을 하는 경우도 많다. 특히 정서적으로 좋아하는 것을 공유하거나 깊이 있는 수준으로 탐구하고 이를 함께 재창조하는 일은 강한 유대관계에서 형성되는 경우가 빈번하다. 그런 이유로 커뮤니티는 약한 유대를 만드는 데 주요한 역할을 하는 온라인 커뮤니티와 더 깊이 있고 정서적 울림이 일어날 수 있는 오프라인 커뮤니티 모두를 균형감 있게 만들어내는 것이 중요하다. 진정한 커뮤니티적 가치를 전달하고자 하는 기업들이 온라인 커뮤니티로 시작해서, 종국에는 오프라인 장소를 만들어 빈번하게 커뮤니티적 가치를 제공하려고 노력하는 이유도 여기에 있다.

커뮤니티 구축에 성공한 기업들의 공통법칙 TRIBE

성공적으로 사람을 모으고 이를 커뮤니티화해
찐팬을 만드는 기업에는 공통점이 있다

앞서 성공적인 커뮤니티를 만드는 7가지 법칙에 대해서 설명했다. 사실 성공적인 커뮤니티를 만드는 절대적인 법칙 같은 건 존재하지 않는다. 하지만 성공적으로 사람들을 모으고 이를 커뮤니티화해 그 안에서 충성도 높은 팬들을 만들어가는 기업들의 사례를 분석해보면, 공통적인 법칙을 발견할 수 있다.

우선 그들은 소비자들의 가슴을 울리는 스토리가 있다. 일반적인 의미의 고객은 완벽한 기능을 가진 제품에 의해서 만들어질 수 있지만, 해당 제품을 사랑하고 열정을 보이는 팬은 제품의 기능을 뛰어넘는 가슴을 울리는 비전에 의해 만들어지는 경우가 많다. 애플의 '다르게 생각하라', 파타고니아의 '파도가 칠 때는 서핑을'과 같은 비전은 고객들을 커뮤니티화하는 아주 세련된 방식이다.

커뮤니티에 가입한 사람들이 초반부터 소속감을 느낄 수 있도록 정확하게 타깃을 설정하고 그들이 감정이입할 수 있는 페르소나를 만드는 것도 필요하다. 동시에 커뮤니티 참가자들이 스스로 가치를 만들어가는 참여감을 주는 것도 중요하다. 결국 '관계'라는 것은 함께하는 경험을 통해서 공고하게 형성된다. 단순한 소비자가 아니라 기업의 제품과 서비스에 열정을 보이는 커뮤니티 집단을 만들고 싶다면, 이케아나 레고가 하는 것처럼 그들의 비전이 담긴 제품을 함께 혁신한다는 참여감을 주는 것도 중요하다.

동시에 커뮤니티에 다양한 리워드를 설계해서 멤버들이 열성적으로 활동하도록 만들어야 한다. 시스템적으로 정교하게 설계된 리워드만이 멤버들이 떠나지 않고 자발적으로 가치 있는 것들을 꾸준하게 만들어내도록 할 수 있다. 특정 대상을 좋아하다 보면 대상과 관련된 가치 있는 것들을 수집하고 싶어지게 마련이다. 소장 욕구를 불러일으키는 다양한 굿즈를 만들어내야 하는 이유가 여기에 있다. 동시에 브랜드 세계관을 만들어 다양한 방식으로 제품이나 서비스를 공유할 수 있도록 유도해야 한다. 하나의 제품을 파는 것이 아니라 확장성을 가진 세계관을 파는 것이 필요하다.

커뮤니티 멤버들에게는 끊임없이 소비되고 창조될 수 있는 요소를 던져주어야 한다. 그리고 이 모든 노력들을 약한 유대를 만들어내는 온라인 영역뿐만 아니라 강한 정서적 유대를 만들어주는 아날로그 만남의 기회를 주는 오프라인 공간으로도 이어져야 한다. 앞으로도 온라인과 오프라인을 넘나드는 커뮤니티적인 경험을 전달하는 것은 매우 중요한 전략이 될 것이다.

커뮤니티 전략의 핵심 구성 요소, TRIBE

지속가능한 커뮤니티를 만들기 위해서는 세상의 다양한 맥락에 맞춰 어떤 구성 요소를 포함할 것인지 고민해야 한다. 그래서 커뮤니티 전략을 위한 설계 모델이 필요한 것이다. 필자가 디지털마케팅컨설팅그룹 비루트**BeRoute**(www.beroute.com)와 함께 만든 'TRIBE' 전략 모델도 그중 하나다.

모든 커뮤니티에는 핵심 타깃 집단이 존재한다. 기업은 그 타깃을 구체적으로 설정해서 그들이 커뮤니티에 빠르게 호기심을 갖고 감정을 이입할 수 있도록 '타깃 페르소나(T)'를 설정하는 작업부터 해야 한다. 동시에 유용한 정보 전달에만 그치지 말고, 가슴을 설레게 하는 커뮤니티 가치와 비전 설계도 끊임없이 해나가야 할 것이다. 또한 활동 과정에서 수집하고 싶은 가치 있는 것들도 제공해야 한다. 소비자는 이런 과정을 경험하면서 커뮤니티에 가입하고 싶은 '이유(R)'가 생길 것이다.

커뮤니티의 핵심 기능은 '쌍방향 교류(I)'다. 이것은 다양한 형태의

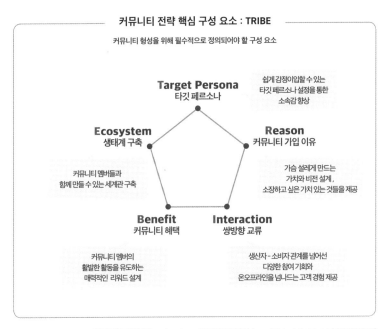

커뮤니티 전략 핵심 구성 요소 : TRIBE

커뮤니티 형성을 위해 필수적으로 정의되어야 할 구성 요소

Target Persona
타깃 페르소나

쉽게 감정이입할 수 있는
타깃 페르소나 설정을 통한
소속감 향상

Ecosystem
생태계 구축

커뮤니티 멤버들과
함께 만들 수 있는 세계관 구축

Reason
커뮤니티 가입 이유

가슴 설레게 만드는
가치와 비전 설계,
소장하고 싶은 가치 있는 것들을 제공

Benefit
커뮤니티 혜택

커뮤니티 멤버의
활발한 활동을 유도하는
매력적인 리워드 설계

Interaction
쌍방향 교류

생산자-소비자 관계를 넘어선
다양한 참여 기회와
온오프라인을 넘나드는 고객 경험 제공

디지털 컨설팅 그룹 비루트(www..beroute.com)와 디지털 마케팅 연구소(www.digitalmarketinglab.co.kr)가 만든 TRIBE 모델

참여감을 제공하는 기회들을 통해서 향상될 수 있다. 이 교류가 온라인과 오프라인을 넘나들며 이루어질 수 있도록 전략화해야 할 것이다. 또한 적절한 형태의 리워드 설정을 통해 열심히 활동하는 커뮤니티 멤버들에게 지속적으로 '혜택(B)'을 주는 작업도 해야 한다. 궁극적으로는 커뮤니티를 만든 사람과 참여자가 이상적인 세계관을 만들어가면서 함께 즐기는 '생태계(E)'를 구축해야 한다.

동질감을 주는 제품으로 심리적 소유의식을 높여라

'심리적 소유의식Psychological Ownership'이라는 개념이 있다. 소비자가 제품과 관계를 맺고 상호작용을 하면서 몰입감을 느끼게 되면, 그 제품을 자기 정체성의 연장이자 확장으로 여기게 된다는 것이다. 심리적 소유의식의 효과는 엄청나다. 뉴욕공과대학New York Institute of Technology 의 콜린 P. 커크Colleen P. Kirk 교수가 2018년 9월에《하버드 비즈니스 리뷰》에 발표한 결과에 따르면, 고객이 특정 브랜드에 대해 심리적 소유의식을 느끼면 해당 제품을 더 많이 사고 더 높은 가격을 주더라도 흔쾌히 구매할 뿐만 아니라 지인들에게도 적극적으로 홍보할 가능성이 높다고 한다. 심리적 소유의식은 커뮤니티를 구축하고 해당 커뮤니티 멤버를 팬덤화하는 전략과도 깊은 연관이 있다.

커크 교수는 이 심리적 소유의식을 높이기 위해서는 '동질감'을 느낄 수 있는 제품을 만드는 것이 중요하다고 강조한다. 이 동질감은 브랜드가 중시하는 신념이나 가치를 공유함으로써 느낄 수 있고, 제품에 대해 강력한 소속감을 느끼는 것으로도 충족될 수 있다. 동시에 심리적 소유의식을 강화하려면 고객이 제품의 설계와 제작에 관여할 수 있도록 고객의 통제력을 향상시키는 것도 중요하다. 이러한 목표는 참여감을 고취시키는 다양한 활동을 통해 달성될 수 있다.

결국 기업들이 커뮤니티 구축의 궁극적인 목표로 삼아야 할 것은 고객이 자사의 제품이나 서비스에 대해 심리적 소유의식을 갖게 만드는 것이다. 그렇다면 제품과 서비스를 잘 만들어서 전달하는 것만으로는 고객들이 높은 수준의 심리적 상태에 도달하게 만들 수 없다. 오늘날의 기업들은 고객들과 좀 더 높은 수준의 관계를 맺고, 이들이 경쟁사의 제품이 아닌 자사의 제품에 몰입해 그것을 '자기 정체성'과 연관 지을 수 있도록 노력해야 한다.

이 모든 과정은 '커뮤니티 전략 구축'을 통해서 달성할 수 있다. 이 시대에 새로운 비즈니스를 만들고 확장해 나가고자 하는 개인과 기업들은 커뮤니티 구축 전략을 배우고 적극적으로 사용해야 할 것이다.

Chapter 3

커뮤니티
플랫폼의
미래 트렌드

커뮤니티의
새로운 미래는
메타버스에 있다

**BTS, 나이키, 디즈니가
메타버스 플랫폼에 올라타는 이유**

　지난 10년간 전 세계의 혁신을 이끌어온 빅테크 기업들이 생각하는 플랫폼의 미래는 무엇일까? 그들은 이구동성으로 온라인 플랫폼의 미래는 '메타버스Metaverse'에 있다고 말한다. 또한 메타버스 세상에서는 커뮤니티가 가장 중요한 역할을 할 것이라고 전망한다. 메타버스는 초월을 뜻하는 그리스어 '메타Meta'와 세상을 뜻하는 '유니버스Universe'의 합성어다. 산업적으로는 '공간 컴퓨팅Spatial Computing'과 관련된 첨단기술을 통해 가상과 현실이 상호작용하는 공간을 만들어내고 그 안에서 다양한 가치를 창조할 수 있는 사회적·경제적·문화적 활동을 영위하는 세상이라 할 수 있다.

'메타'로 사명을 바꾼 페이스북

"이제 우리의 최우선순위는 더 이상 페이스북이 아니다. 메타버스가 우리의 새로운 미래가 될 것이다."

2021년 10월, 페이스북의 CEO 마크 저커버그Mark Zuckerberg 는 연례 커넥트 컨퍼런스에서 사명을 '메타Meta '로 바꾸고, 메타버스 사업에 집중하겠다고 선언했다. 웹 2.0 시대의 핵심 디바이스인 모바일을 기반으로 한 소셜미디어 플랫폼으로 파괴적 가치를 만들어낸 페이스북이 이제는 웹 3.0 시대를 열 메타버스에서 새로운 가치를 창출하겠다는 것이다.

페이스북은 이미 2014년부터 메타버스 세상을 주도해나가기 위한 기술적 전략을 세웠다. 가상현실VR 하드웨어 및 소프트웨어 기업인 오큘러스 VROculus VR 을 인수해 다양한 VR 관련 기기를 생산·판매해왔으며, 2020년부터는 메타버스 생태계인 페이스북 호라이즌Facebook Horizon 을 개설해 다양한 방식으로 테스트를 진행해왔다. 사용자들은 메타버스 플랫폼 제페토ZEPETO 와 로블록스ROBLOX 처럼 페이스북 호라이즌 안에서 자신의 정체성을 대신하는 아바타를 만들어 채팅 방식으로 소통하거나, 페이스북이 제공하는 엔터테인먼트 콘텐츠를 생산할 수 있다.

기술의 발전으로 달라질 고객 경험

메타버스의 탄생을 이해하기 위해서 우리는 인터넷을 기반으로 한 IT 기술 패러다임의 변화를 살펴볼 필요가 있다. 웹 1.0은 PC를 기반으로 인터넷 세상이 성장한 시대를 말한다. 인터넷으로 연결된 컴퓨터를 기반으로 사람들이 각종 포털에 블로그나 중고나라 같은 커뮤니티를 만들어, 텍스트를 중심으로 활동하던 시대다.

이후 애플이 스마트폰 시대를 열면서 급격하게 웹 2.0 시대로 옮겨간다. 인터넷으로 연결된 모바일 기기를 기반으로 사용자들은 텍스트를 넘어서 휴대전화로 촬영한 사진과 영상을 인스타그램이나 유튜브 등에 올리기 시작했다. 이 시기에 접어들면서 비로소 다양한 UCCuser created contents(사용자 창작 콘텐츠)가 쏟아지고, 쌍방향 소통이 가능한 본격적인 디지털 기반의 소셜미디어 플랫폼이 성장하게 되었다.

웹 3.0 시대는 공간 컴퓨팅 기술을 이용한 메타버스 플랫폼 세계로 자연스럽게 이동하고 있다. 이제 인터넷 사용자들은 페이스북이나 구글 같은 기업이 만든 VR Virtual Reality(가상현실), AR Augmented Reality(증강현실), MR Mixed Reality(혼합현실)을 구현하는 IT 기기들을 통해 완전히 새로운 소통과 가치를 체험할 수 있다.

메타버스의 진정한 가치는 기존의 컴퓨터와 모바일의 세계를 넘어, 주변의 현실세계를 다양한 방식으로 인식하고 더 크고 새로운 세상을 경험하도록 하는 데 있다. 즉 공간 컴퓨팅 기술을 이용해 세상을 자유롭게 창작활동을 하는 캔버스로 바꿔주는 것이다.

웹 3.0 시대에서는 어떤 IT 기기를 사용하느냐에 따라 활동의 가치가 달라진다. VR 기기는 시점 전이를 만들어 혁신적인 경험을 가능케 한다. 예를 들어 사용자가 메타버스 내에서 자신의 아바타를 만들어 좀비를 사냥하는 생생한 경험을 할 수 있다. AR 기기를 사용하면 지금 보고 있는 현실세계에 디지털 기술이 더해지는 경험을 할 수 있다. 닌텐도가 만든 포켓몬고가 대표적이다.

MR은 현실세계와 가상세계가 결합되어 전혀 새로운 공간을 창조하는 형태로 한 단계 더 발전된 경험이다. AR이 사용자가 서 있는 현실 세상에 스마트폰 카메라에 비치는 가상의 이미지나 정보가 덧입혀진 형태라면, 여기에 살아 숨 쉬는 3D 가상 이미지가 더해지는 것이 바로 MR 기술을 통한 고객 경험이다. 미래에는 서울에서 MR을 이용해 농업용 트랙터에 탑승해 운행을 하면 강원도 시골의 농장에 있는 실제 트랙터 운행에 그대로 반영되는 세상이 열릴 것이다.

유저들이 자발적으로 커뮤니티를 형성하는 로블록스

오늘날에는 AR과 라이프로깅 등 '메타버스 1.0 시대'를 넘어서, '메타버스 2.0 시대'로의 진화가 일어나고 있다. 지금부터는 수많은 전문가들이 예상하고 있는 메타버스 2.0 시대의 세 방향에 대해 살펴볼 차례다.

첫 번째는 '디지털 미 Digital Me'를 기반으로 한 다양한 '나'를 드러내는 부캐 활동의 증가다. 자신의 정체성을 다양한 콘셉트에 맞춰서 새로운 캐릭터로 만들어 활동하는 것을 부캐 활동이라 한다. 메타버스는 나를 다양한 방식으로 표현하고자 하는 MZ세대의 욕망이 실현되는 공간으로서 앞으로 더욱 주목받을 것이다. 이들이 메타버스 세계에서 얼마나 더 다양한 방식으로 자신의 캐릭터를 만들고, 거기에 몰입해 타인과 소통할지는 메타버스 2.0 시대의 중요한 화두가 될 것이다.

두 번째는 공간 컴퓨팅 기술을 통한 디바이스의 발전이다. 메타버스 세계가 본격적으로 성장하려면 편하게 사용하고 즐길 수 있는 디바이스가 발전되어야 한다. VR 헤드셋인 '오큘러스 퀘스트 2'의 판매량은 1000만 대에 이르렀지만, 10억 대 이상 팔린 스마트폰에 비하면 대중화는 아직 요원하다. 사람들은 여전히 스마트폰을 뛰어넘는 편리한 사용감과 몰입감을 주는 메타버스용 디바이스를 기다리고 있다.

이러한 이유로 2023년 후반기에 출시될 '애플 글래스 Apple Glasses'에 거는 기대가 크다. 애플은 VR 기기 대신 안경 형태의 AR 글래스 출시를 서두르고 있다. AR 글래스는 안경에 달린 카메라와 스크린을 통해 사용자가 주변 환경을 인식하고 가상세계를 즐길 수 있는 형태로, VR 기기에 비해서 훨씬 가볍고 일상생활에서도 간편하게 사용할 수 있다는 장점이 있다. 관련 업계 전문가들은 팬덤이 강한 애플이 AR 글래스를 출시하면 메타버스의 대중화는 예상보다 더 앞당겨질 것으로 전망하고 있다.

메타버스 2.0 시대를 앞당길 또 다른 핵심 요인은 사용자 중심의 커뮤니티 서비스가 활성화되는 것이다. 메타버스가 확장성을 가지려면 사용자가 개발자 역할을 하는 UCC 형태의 활동이 더 활발해져야 한다. 유튜브가 성장할 수 있었던 것도 사용자들이 창작자가 되어 끊임없이 콘텐츠를 올렸기 때문이다. 스태티스타의 발표에 따르면, 2020년 2월 기준으로 유튜브 플랫폼에는 1분마다 500시간 분량의 동영상이 업로드되고 있다. 즉 메타버스의 성공도 사용자들의 자발적이고 다양한 활동에 달려 있다.

이와 관련한 대표적인 사례가 로블록스다. 로블록스는 서비스 초창기부터 무료 크리에이션 엔진인 로블록스 스튜디오Roblox Studio를 열어 사용자들이 손쉽게 자신이 원하는 커뮤니티 서비스를 로블록스 생태계 안에서 만들 수 있도록 했다. 이 스튜디오의 프로그램을 통해 탄생한 게임이 '레츠비웰Let's Be Well'이다. 캐나다의 열한 살 어린이의 작품으로, 어머니가 자신과 어린 동생에게 가르쳐준 감정 표현 기법을 발전시켜 자신의 아버지처럼 우울증으로 힘들어하는 사람들을 위해 만든 게임이다. '로열 하이Royale High'는 20대 개발자가 만든 가상의 고등학교로, 지금도 수많은 성인이 자신만의 독특한 의상을 만들어 입고 이 학교에 등교하고 있다.

직접 게임을 만들어 공유할 수 있는 게임 플랫폼 로블록스 포스터.

이외에도 로블록스에는 수백만 명의 사용자들이 자발적으로 만든 수많은 커뮤니티 서비스가 존재한다. 기본적으로는 무료로 즐길 수 있지만 '로블록스 프리미엄Roblox Premium'이라는 구독 서비스를 이용할 수도 있고, '로벅스Robux'라는 게임 화폐로 아바타를 치장하는 아이템을 구매하거나 유료 게임 입장권을 구매하는 등 다양한 경제활동을 할 수 있다. 로블록스는 그들의 플랫폼에서 활동하는 5000만 명의 1일 액티브 유저들이 스스로 커뮤니티 창조자가 되도록 돕는 데 역량을 집중하고 있다.

메타Meta 가 2020년부터 베타테스트를 해오고 있는 그들만의 메타버스 '페이스북 호라이즌'의 중심에도 유저들이 스스로 만들어가는 커뮤니티 활동이 있다. 페이스북 호라이즌은 가상세계 기반의 소셜 네트워크 서비스로, 사용자들은 자신의 아바타로 호라이즌에 참가해 전 세계 사용자들과 접속할 수 있다. 사용자들은 '텔레팟Telepods'이라는 공간이동 장치를 통해서 타인과 현실세계처럼 소통하는 '공적 공간Public Spaces'에서 다양한 탐험을 할 수 있는 '뉴 월드New Worlds'로 이동할 수 있다.

여기서 끝나는 것이 아니라 '월드 빌더World Builder'라는 기능을 통해 가상공간을 자신의 아이디어로 꾸밀 수도 있다. 이는 컴퓨터 코딩언어를 이해하지 못하는 일반인도 누구나 쉽게 자신이 플레이하기를 원하는 환경이나 콘텐츠를 개발할 수 있도록 돕는 기능이다. 월드 빌더는 일종의 업그레이드된 자신만의 커뮤니티 세상이라고 할 수 있다.

메타도 사용자들이 스스로 다양한 형태의 커뮤니티를 만들고, 그 안에서 다양한 방식으로 사람 및 브랜드와 상호 교류하도록 만드는 것이 가장 중요하다는 것을 알고 있다. 아울러 자신들이 집중해야 하는 것은 플랫폼 내 공정한 거버넌스 시스템을 구축함으로써, 참가자들 사이에 지켜야 할 규칙과 규범을 자연스럽게 전달해 그들이 안전하게 커뮤니티 활동을 하도록 돕는 것임을 명확히 인식하고 있다.

메타는 가상세계 곳곳에 '호라이즌 로컬들Horizon Locals'이라는 안내인을 포진해 지원하는 동시에, 시민들이 서로 존중하는 문화를 만들어가고 있다. 그들은 기존의 자산도 적극적으로 활용하고 있다. 메타가 만든 호라이즌에 시티즌으로 가입하려면, 페이스북을 통해야 한다. 즉 16억 명 이상의 페이스북 사용자들이 자연스럽게 호라이즌의 시티즌이 될 수 있다는 의미다.

메타와 같은 SNS 기반의 플랫폼 기업들이 자신들의 소셜 네트워킹 노하우와 가입자들을 기반으로 새로운 메타버스의 세계를 열어가고 있다면, 게임회사들은 충성도 높은 고객들과 가상현실에 적용 가능한 수준 높은 콘텐츠를 기반으로 독자적인 메타버스의 세계를 열어나가고 있다. 그 선두주자가 에픽게임즈^{Epic Games}가 만든 '포트나이트^{Fortnite}'다.

메타버스가 수익 창출 공간이 되려면

포트나이트는 에픽게임즈가 2018년에 내놓은 3인칭 슈팅 게임이다. 스태티스타에 따르면, 자그마치 3억 5000만 명(2020년 5월 기준)이 즐기고 있는 명실상부한 전 세계 매출 1위의 게임이다. 포트나이트의 성공 요인 중 하나는 높은 개방성이다. 우선 게임을 무료로 즐길 수 있고 해당 게임을 다양한 플랫폼과 기기에서 자유롭게 진행할 수 있다. 물론 사용자가 게임을 통해 경험을 확장하려면 유료 콘텐츠를 다운받아야 한다. 하지만 워낙 몰입도가 높아 사용자 대부분이 쉽게 돈을 쓴다.

흥미로운 사실은 미국의 10대들이 포트나이트를 게임이 아닌, 자신의 아이덴티티를 드러내는 아바타를 지속적으로 키우고 다양한 활동을 통해 타인들과 관계를 맺는 커뮤니티로 인식한다는 점이다. 그렇다면 포트나이트는 어떻게 미국 10대를 사로잡았을까? 포트나이트는 어떠한 기기에서든 자유롭게 게임을 플레이할 수 있다. 집에서 엑스박스Xbox에 연결된 TV 화면으로 게임을 즐기다가, 학교에 가서는 스마트폰으로 자신의 캐릭터를 꾸미고, 방과 후에는 친구 집에 놀러가서 게임기로 함께 즐길 수 있도록 해준 것이다. 동시에 게임 속 플레이어 캐릭터를 자유자재로 꾸밀 수 있게 했다.

사용자들은 게임 시작 전에 그날 자신의 캐릭터를 꾸밀 수 있는 일종의 디지털 옷장을 받는다. 플레이어는 자신의 아바타를 닌자, 중세 기사, 혹은 유명 애니메이션 캐릭터로 꾸밀 수 있다. '스킨Skin'이라고 불리는 디지털 코스튬Digital Costume은 포트나이트의 중요한 수입원 중 하나다. 포트나이트에서 10대들이 자신의 캐릭터를 공들여 만들어 관계를 맺기 시작하자, 에픽게임즈는 본격적으로 가상 커뮤니티 플랫폼으로 확장할 계획을 세우고 있다.

2020년 9월에는 BTS와 파트너십을 맺고, 메인 스테이지에서 세계 최초로 〈다이너마이트〉의 안무 버전 뮤직비디오를 공개하기도 했다. 이때 이용자들은 자신의 아바타가 해당 춤 동작을 따라 하는 게임 아이템을 구입할 수도 있었다. 유명 래퍼 트래비스 스콧Travis Scott은 포트나이트에서 가상 콘서트를 열고 신곡을 발표했다. 1200만 명의 포트나이트 사용자들은 다 같이 모여 스콧의 아바타가 노래한 공연을 즐겼다.

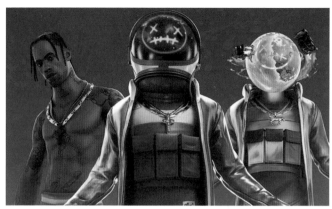

출처 : https://www.epicgames.com/fortnite/ko/home

포트나이트에서 가상 콘서트를 연 래퍼 트래비스 스콧.

이처럼 에픽게임즈는 포트나이트를 커뮤니티 기반의 생태계로 확장시키는 게임 목적이 아닌, 다양한 즐길 거리와 문화 콘텐츠를 접목시킨 이벤트를 끊임없이 제공하고 있다. 이와 함께 사용자들이 적극적으로 게임 내에서 창조자 역할을 할 수 있도록 '크리에이터 후원 프로그램' 서비스를 제공하고 있다. 사용자가 크리에이터가 되기 위해서는 지속적으로 트위치Twitch나 유튜브 등에 포트나이트 관련 콘텐츠를 만들어 보내거나 주요 캐릭터들의 팬 아트를 만드는 등 다양한 콘텐츠를 창조하면 된다. 자신의 콘텐츠를 지속적으로 구독하는 일정 팬을 확보하는 사용자는 크리에이터로 승인받을 수 있다.

메타버스 생태계는 결코 갑자기 등장한 새로운 개념이 아니다. 이미 과거에도 수많은 게임회사들이 메타버스 생태계를 표방하는 게

· 커뮤니티 플랫폼의 미래 트렌드 ·

임을 만들어왔다. 하지만 플레이스테이션의 '홈 Home'과 '세컨드 라이프 Second Life'와 같은 생태계도 종국에는 영향력을 잃고 더 이상 진화하지 못했다.

반면 로블록스, 메타의 호라이즌, 포트나이트는 자신들의 메타버스를 확장시키기 위해 해당 플랫폼이 현실세계 이상의 가치를 느낄 수 있는 커뮤니티 공간이자 수익을 창출해내는 공간이 되도록 다양한 기업들과의 협업도 추진하고 있다. 메타버스 공간에 자사 제품과 서비스를 소개하는 기업들로부터 광고 수입을 확보할 수 있다. 실제로 로블록스와 포트나이트에서는 나이키의 에어조던 농구화, 미국 프로 풋볼팀의 유니폼 등 다양한 인기 제품들이 판매되고 있으며, 〈스타워즈〉나 〈어벤저스〉와 같은 디즈니의 다양한 IP들이 노출되고 있다.

문제는 유저들이 이를 상업적으로 인식하는 순간 해당 커뮤니티의 매력은 사라진다는 것이다. 즉 성공적으로 메타버스 공간을 운영하기 위해서는 유저를 '고객'으로 인식해서는 안 된다. 그런 이유로 메타버스 플랫폼 안에서 마케팅 활동을 하려고 하는 기업들은 '커뮤니티 형성'에 초점을 맞추어야 한다.

메타버스 세계가 더욱 확장하려면 사용자들이 기업의 제품이나 서비스를 소비하는 객체가 아니라, 창의적 공간에서 자발적으로 새로운 방식의 경험을 쌓아나가는 주체가 되어야 한다. 메타버스의 미래는 커뮤니티 전략에 달려 있고, 커뮤니티가 혁신을 이어나갈 공간도 메타버스임을 기억하자.

스몰 브랜드를 위한 커뮤니티 전략

**전략과 진정성 있는 스토리를 만들면
작은 브랜드도 팬덤을 형성할 수 있다.**

　거대한 자본과 잘 형성된 브랜드 가치를 지닌 기업만이 성공적인 커뮤니티를 만들 수 있는 것은 아니다. 지금은 오히려 작지만 독특한 가치를 지닌 스몰 브랜드Small Brand가 잘 짜인 전략과 진정성 있는 스토리를 만들어간다면, 열혈 팬을 만들어갈 수 있는 시대다.

　이러한 이유로 향후 커뮤니티의 미래를 이야기할 때 빠지지 않고 언급되는 주제 중 하나가 '작지만 특별한' 브랜드들이 커뮤니티를 기반으로 어떻게 확장해나갈 것인가 하는 이슈다.

　작은 다마스 트럭을 몰고 전국 팔도를 유랑하는 '김씨네과일'. 상자에는 손으로 직접 쓴 과일 이름과 '한 바구니에 3만 원, 두 바구니는 5만 원'이라는 문구도 있지만, 이 과일가게가 파는 것은 과일이 아니라 티셔츠다. 김씨네과일의 김도형 대표는 힙합 아티스트나 소셜 미디어에서 핫한 인물들을 재미있는 방식으로 티셔츠에 표현하는 그래픽 아티스트다. 유명 힙합 아티스트 빈지노는 그가 직접 제작한 티셔츠를 입고 콘서트 무대에 서기도 했다. 국내에서 가장 재미있는 방식으로 티셔츠를 만들어 파는 김도형 대표는 자신을 물건을 파는 사람이 아니라 '경험을 파는 사람'으로 소개한다.

작지만 특별한 브랜드가 되기 위해 필요한 것들

오늘날의 젊은 소비자들은 뚜렷한 자기 취향을 가지고 있다. 매일같이 쏟아지는 수많은 브랜드 중에서도 차별화된 철학과 스토리로 무장한 브랜드를 발굴해 적극적으로 경험하는 것을 즐긴다. 소셜미디어의 발달은 이런 스몰 브랜드의 성장 동력이 되어준다.

'가잼비'를 추구하는 MZ세대는 '펀슈머Funsumer'라고 불릴 정도로 재미를 주는 브랜드를 찾아 소비하려는 성향이 높다. 가격과 실용성도 꼼꼼하게 따지면서 동시에 이색적인 경험을 할 수 있는 재미있는 브랜드를 끊임없이 탐색하고 발견하는 데 시간과 노력을 기울인다. '김씨네과일'처럼 이색적인 방식으로 제작·판매되는 티셔츠를 사는 행위 자체에 큰 매력을 느끼고 흔쾌히 돈을 지불하는 세대다.

'김씨네과일'은 서울 성수동의 벼룩시장에서 본격적으로 티셔츠

과일 그림이 그려진 티셔츠를 파는 김씨네과일.

판매를 시작해서 지금은 전국 곳곳을 다니며 게릴라식 영업으로 사업을 확장하고 있다. 놀라운 사실은 이 모든 소통이 김도형 대표의 개인 인스타그램을 통해 이루어지고, 판매 장소도 일주일 전에 공지된다는 점이다. 과일가게지만 과일을 파는 게 아니라 과일 그림이 그려진 티셔츠를 판매하고, 매장 없이 실제 과일 장수처럼 트럭에 티셔츠를 싣고 전국 곳곳을 다니는 이 뚜렷한 콘셉트에 MZ세대는 열광하기 시작했다. 판매가 시작되기 전부터 이미 대기줄이 길어서 한 시간 넘게 기다려야 할 정도로 인기다. 김씨네과일의 성공 스토리는 SNS로 빠르게 퍼져나가면서 언론에 소개될 정도로 이슈가 되어 별도의 마케팅 홍보 없이 바이럴 효과를 누리게 되었다.

스몰 브랜드가 소수의 열혈 팬을 만들어내기 위해서는 타깃을 명확하게 잡고 그들이 관심을 보일 만한 콘셉트를 뚜렷하게 만들어 전달해야 한다. 특히 그들이 좋아하는 방식으로 커뮤니케이션을 해야 의미 있는 팬층을 확보해 사업을 확장해나갈 수 있다. '김씨네과일'이 바로 대표적인 사례다. 김도형 대표는 지금도 주기적으로 직접 다마스 트럭을 타고 전국을 누비며 고객 한 명 한 명을 진심으로 응대하고 있다.

최근에는 '김씨네과일'과 같은 스몰 브랜드들이 하나둘씩 생겨나고 있다. 젊은 소비자들의 열광적인 지지를 받고 있는 '오롤리데이'도 그런 사례 중 하나다.

진정성 있는 스토리로 코어 팬층을 만들어라

오롤리데이oh, lolly day! 는 문구류부터 패션 아이템까지 일상의 다양한 물건들을 판매하는 브랜드다. 2014년에 론칭한 이 작은 브랜드가 대중에게 널리 알려지게 된 데는 한 사건이 큰 역할을 했다. 오롤리데이는 중국의 한 회사로부터 디자인을 무단도용당하는 피해를 입었다. 지금도 구글에 '오롤리데이'를 검색하면 '오롤리데이 표절'이 추천 검색어로 뜰 만큼 화제가 된 사건이다.

2021년 중국의 한 회사가 오롤리데이의 '못난이', '유난이'와 같은 핵심 마스코트 캐릭터를 허락 없이 가져다 쓴 것도 모자라 자신이 원조 브랜드인 양 상표권까지 등록한 사건이 발생했다. 심지어 브랜드 이름도 '오, 롤리 데이Oh, lolly Day!'로 대소문자만 수정한 채 그대로 사용하고, 기존 오롤리데이의 인기 상품인 휴대전화 케이스부터 티셔츠, 스티커, 가방 등의 디자인을 그대로 베껴 공분을 일으켰다. 흥미로운 사실은 이 사건으로 오롤리데이의 찐팬을 자처하는 소비자들이 자발적 펀딩으로 2억 원에 가까운 소송 비용을 모았다는 점이다. 자그마치 1000명이 넘는 팬이 이 펀딩에 참여해 5000만 원의 자금을 마련했다.

오롤리데이는 어떻게 이런 팬 커뮤니티를 만들 수 있었을까? 오롤리데이의 박신후 대표는 다양한 언론 인터뷰를 통해 "느릴 수는 있지만, 천천히, 확실한 찐팬을 만들어나가겠다"라는 포부를 밝혀왔다.

이를 위해 가장 중요하게 생각한 것은 커뮤니케이션 대상을 구체화하는 작업이다. 박 대표는 우선 브랜드가 추구하는 철학을 기반으로 브랜드의 스피커가 되는 이들을 '해피어Happier'라고 지칭한다. 작지만 의미 있는 수의 팬을 확보하기 위해 타깃을 설정하고, 그들이 감정이입할 수 있는 페르소나를 '해피어'로 명명한 것이다.

동시에 이들이 매력을 느낄 만한 진정성 있는 브랜드 철학도 만들어 반복적으로 전달했다. '당신의 삶을 더 행복하게 만들기 위해 노력합니다.' 이는 오롤리데이의 핵심 브랜드 철학이다. 오롤리데이는 행복이란 거대한 것이 아니라 일상생활에서 누리는 작은 것들에 있으며, '당신은 이미 그 행복을 가진 사람'이라는 메시지를 전달하고자 노력해왔다. 이러한 브랜드 철학을 바탕으로 다양한 방식의 메시지를 만들어 진정성 있게 소통하자 이에 화답하는 '해피어'들이 생겨나기 시작했다. 결국 찐팬들의 페르소나를 정확하게 설정하고 진정성 있는 스토리를 만들어내 진심을 다하면 작지만 의미 있는 수의 커뮤니티 그룹이 형성된다는 것을 오롤리데이는 입증해주었다.

오롤리데이는 작지만 의미 있는 제품을 만들어 구매자를 좀 더 행복하게 만들어주겠다는 브랜드의 가치를 전달하기 위해서 여러 가지 노력을 기울이고 있다. 첫 제품인 에코백부터 700가지가 넘는 다양한 제품을 판매하기까지 중개인 없이 직접 발품을 팔아 업체를 찾고 소통하는 원칙을 고수하고 있다.

또한 고객과의 소통에 기울이는 노력도 상당하다. 구매 고객이 후

컵, 휴대전화 케이스 등 다양한 상품을 팔고 있는 오롤리데이 사이트.

기를 남기면 즉시 답글을 단다. 답글을 달 때도 '해피어님 안녕하세요'로 시작하는 등 늘 고객에게 자신들이 생각하는 행복에 대한 스토리를 전달하려고 노력한다. 상품 소개를 할 때도 고객들이 제작 비하인드 스토리를 볼 수 있도록 노션Notion 사이트를 마련해두었다. 이 사이트에 접속하면 '디자이너의 생각'이나 '팀 오롤리데이의 말'이라는 세션을 통해 해당 상품과 가장 잘 어울리는 제품들의 조합도 상세하게 볼 수 있다. 박신후 대표는 이러한 과한 정보, 즉 'TMI Too Much Information'가 그들의 팬덤을 만들어내는 데 큰 도움이 된다고 강조한다.

대중은 브랜드력이 강한 인기 제품에 관심을 갖고 모인다. 하지만 때로는 소소하지만 의미 있는 제품에 애정을 느끼는 소수의 사람들이 자발적으로 끈끈한 관계를 형성해 코어 팬층을 만들어가기도 한다. 오롤리데이와 같은 스몰 브랜드들은 커뮤니티를 형성하는 데 있어서 코어 팬을 구체적으로 설정하는 것이 중요하다.

타깃 고객을 정확하게 설정했다면, 그들이 함께할 수 있는 타깃 페르소나를 중심으로 개념을 개발하고, 그들에게 어떤 이야기를 전달할지 고민해야 한다. 불특정 다수를 만족시키겠다는 전략은 대기업의 커뮤니티 전략에는 맞을 수 있지만, 스몰 브랜드에게는 적합하지 않을 수 있다. 스몰 브랜드들은 느리지만 탄탄한 성장을 위해서 자신만의 방식으로 팬 커뮤니티를 만들어가야 한다.

스몰 브랜드가 팬 커뮤니티를 만드는 법

최근에는 스몰 브랜드들이 타깃으로 삼아야 할 코어 팬들을 이해하고 그들이 서로 교류할 수 있도록 돕는 전문적인 시스템도 만들어지고 있다. 2022년 3월, 국내 최대 크라우드 펀딩 플랫폼인 와디즈 Wadiz 는 아직 잘 알려지지 않은 브랜드들이 소비자들과 소통할 수 있도록 돕는 '메이커 페이지' 서비스를 론칭했다.

와디즈는 세상에 잘 알려지지 않은 제품이나 서비스를 소개해 이에 관심을 갖게 된 이들로부터 펀딩을 받는 구조로, 자연스럽게 메이커들은 자신들을 응원하는 서포터, 즉 나중에 팬이 될 존재를 인식하게 된다. 와디즈는 메이커와 서포터를 연결하는 데 그치지 않고 이들이 서로를 좀 더 깊이 있게 이해하고 관계를 맺도록 도와주고 있다.

메이커가 제품과 서비스의 아이디어와 설명을 '메이커 페이지'에 등록하면 일종의 소통 피드가 만들어진다. 와디즈의 자체 조사 발표에 따르면, 이러한 관계 맺기는 실제 펀딩 가능성과 규모에 큰 영향을 미친다. 푸드 카테고리 내 펀딩에 참여한 소비자가 동일한 메이커의 새로운 프로젝트에 재참여하는 비율은 30퍼센트에 이른다. 그리고 자신이 한 번 이상 펀딩 지원을 한 메이커가 새로운 프로젝트를 열었을 때는 재펀딩하는 금액이 평균 52퍼센트나 증가한 것으로 파악된다. 이 조사 결과는 브랜드에 관심을 보이는 작지만 의미 있는 수의 코어 팬층을 만들어야 하는 이유를 설명해준다.

앞으로도 수많은 스몰 브랜드들이 생겨날 것이다. 또한 이들을 응원하는 작지만 힘 있는 팬 커뮤니티를 발굴하고 맺어주는 와디즈의 메이커 페이지와 같은 시스템도 늘어날 수밖에 없다. 과거에는 대기업 위주의 커뮤니티 전략에 맞춘 방식이 주효했다면, 지금과 같은 스몰 브랜드 시대에는 브랜드마다 적합한 방식의 커뮤니티 형성 전략과 시스템을 정비해야 한다. 향후 커뮤니티의 미래에 스몰 브랜드들을 위한 전략이 주요한 키워드가 될 것으로 보는 이유다.

지역 기반
커뮤니티에
주목하라

**로컬 크리에이터들이 만드는
지역 기반 콘텐츠가 사랑받는 이유**

최근 커뮤니티 전문가들 사이에 가장 중요한 화두는 단연 '로컬 Local'이다. 지역을 기반으로 한 수많은 로컬 크리에이터들이 만들어 낸 창의적인 커뮤니티들이 주목을 받고 있다.

로컬 크리에이터란 '지역'에 기반한 독창적인 콘텐츠와 창의적인 아이디어로 해당 공간에 의미 있는 콘텐츠를 만들어나가는 기획자를 의미한다. 국내에서는 '어반플레이 UrbanPlay'가 로컬 크리에이터 양성소로 불리면서 지역 기반 콘텐츠를 만들어나가고 있다.

로컬 콘텐츠 전문 기업은 특정 동네를 경험할 수 있는 콘텐츠를 수집·발굴·가공해서 해당 지역의 가치를 높이는 커뮤니티 공간을 제공하는 것을 목표로 하는 창작집단이다. 로컬을 기반으로 한 커뮤니티 전략에 관심이 생겼다면, 어반플레이가 지속적으로 개발하고 있는 커뮤니티 공간들에 관심을 가져보자.

'연남방앗간'은 어반플레이의 초기 커뮤니티 공간이다. 2018년 오픈한 이 공간은 '방앗간'이라는 이름에서도 알 수 있듯이 사람들이 주기적으로 모여 교류하는 지역 커뮤니티 장소로 기획되었다. 실제로 방앗간 이미지를 전달하기 위해서 참기름과 들기름을 판매하고 있다. 연남방앗간은 커피나 차를 마실 수 있는 공간이자 연남동에 사는 다양한 창작자들이 서로 교류할 수 있는 커뮤니티 공간을 표방한다. 지하 1층과 지상 2층으로 이루어진 이 건물에는 '누군가의 작업실'이라는 공간이 있는데, 이 공간은 연남동의 창작자들을 위한 제품의 쇼룸 혹은 커뮤니티 협력 장소로 활용된다. 창작자와 방문자가 작품을 매개로 교류하는 곳이자, 같은 지역에서 활동하는 창작자들의 커뮤니티 공간이라 할 수 있다. 고객들은 이런 공간에서 자연스럽게 다양한 사람들과 교류하면서 연남동의 독특한 로컬 문화와 콘텐츠를 경험할 수 있다.

지역 기반 콘텐츠로 무장한 로컬 크리에이터의 등장

연남방앗간으로 시작된 어반플레이의 로컬 공간 프로젝트는 '연남장'으로 꽃을 피우게 된다. 연남장은 전국 각 지역의 우수한 로컬

로컬 창작자들이 모여 활동하는 커뮤니티 공간인 연남장의 1층 라운지.

콘텐츠를 소개하고, 이를 기반으로 한 상품들을 큐레이션해서 알리는 복합문화공간이다. 연남장을 방문하면 1층 라운지 중앙에 자리 잡은 거대한 테이블이 눈에 띈다. 이 테이블은 평소에는 식음료를 즐기는 방문객들을 위해 사용되지만 어반플레이가 기획한 다양한 행사가 진행되면 무대로 변신한다. 이 테이블은 연남장이 식음료를 파는 공간이 아니라 로컬 창작자들이 모여 활동하는 커뮤니티 공간임을 상징적으로 보여준다.

지하 1층은 지상 1층과 연계해 로컬 창작자들의 작품을 전시하는 공간으로 활용되고 있다. 2~3층은 코워킹 Co-working 스튜디오로 운영되고 있다. 창작자들이 이 공간에 오랜 시간 머물면서 협력할 수 있는 커뮤니티 공간이다.

연남장에서는 다양한 형태의 동네 문화 전달 프로젝트도 진행한다. 교보문고와 협력해 '책 읽기 좋은 카페, 연남 연희 편'을 기획해서 연남동과 연희동에 위치한 책 읽기 좋은 카페들을 소개하고, 이 카페들의 위치와 소개를 담은 가이드 지도도 무료로 제공하는 식이다. 연남장은 고객들이 다양한 로컬 문화를 자연스럽게 느끼고 경험할 수 있도록 외부 파트너들과 끊임없이 협업하고 있다.

이외에도 2019년 어반플레이는 스토리텔러들을 위한 콘텐츠 작업실이자 그들이 만든 제품을 소개하는 '기록상점'을 열었다. 스토리텔링 브랜드 회사인 필로스토리와 협력해 운영하는 공간으로, 읽고 기록하는 데 필요한 문구와 책을 판매하고 관련 작품을 상설 전시하고 있다. 또한 무엇인가를 읽고 기록하는 것을 좋아하는 사람들이 모이는 이벤트를 꾸준히 진행하고 있다.

지금 이 순간에도 어반플레이는 다양한 커뮤니티 공간들을 만들어나가고 있다. 그들이 만드는 공간의 핵심은 '커뮤니티와 로컬의 결합'에 있다. 최근 어반플레이가 내세우는 핵심 슬로건은 '도시에도 OS Operating System(운영체계)가 필요하다'이다. 과거의 비즈니스가 고객들을 모을 수 있는 입지 좋은 공간에서 제품이나 서비스를 제공하는 소위 '로케이션Location'이 중심이었다면, 이제는 방문할 만한 가치가 있는 '콘텐츠Contents' 중심으로 고객 경험이 바뀌고 있다. 즉 찾아가

기 힘든 장소에 있더라도 방문할 가치가 있는 콘텐츠가 있다면, 사람들은 기꺼이 찾아가는 수고를 마다하지 않는다. 그리고 해당 지역의 콘텐츠를 누구보다 지속적으로 제공할 수 있는 주체는 바로 로컬 크리에이터들이다. 어반플레이가 이들을 양성하고 다양한 테마의 로컬 문화 행사를 기획하는 이유다.

어반플레이가 스스로를 OS를 파는 회사라고 지칭한 이유도 여기에 있다. 어반플레이는 물리적 공간의 하드웨어 시스템을 관리할 뿐만 아니라, 이를 지속적으로 업그레이드시키는 소프트웨어 역할을 하고 있다. 공간을 채워나가는 다양한 로컬 콘텐츠를 기획하는 한편, 로컬 크리에이터를 발굴해 이들이 커뮤니티를 설계하고 운영할 수 있도록 돕는 것이다.

제주만의 독특한 경험을 제공하는 사계생활

제주 안덕면 사계리의 한적한 시골마을. 20년 동안 이 마을 주민들의 사랑방 역할을 하던 농협은행이 다른 곳으로 이전하면서 그 자리는 복합문화 공간 '사계생활'로 탈바꿈했다. 리얼 제주 매거진《인iiin》을 발간하는 재주상회는 마을 주민들과 함께 이 공간을 어떻게 재생시킬지 고민한 결과 사계생활이라는 독특한 콘텐츠 문화 커뮤니티 공간을 만들게 되었다.

264

기존 농협이 있던 자리에 만들어진 복합문화 공간 사계생활.

사계생활은 농협은행에 있던 ATM 기계, 은행 업무에 사용되던 접수대, 카운터 등을 그대로 보존했다. 마을 주민들의 핵심 커뮤니티 장소였던 동네 은행의 모습을 가급적 살린 것이다. 그 결과 이곳은 과거와 현재, 외지인과 내지인이 공존하는 독특한 경험을 제공하는 공간으로 자리 잡았다.

재주상회는 제주도를 방문한 여행객들이 로컬 문화를 자연스럽게 느낄 수 있도록, 지역주민과 방문객을 잇는 커뮤니티 경험을 만드는 데 주력했다. 전·현직 사계리 이장 등 지역 삼촌들이 직접 안내하는 마을투어 서비스는 지역주민과 여행객이 소통하는 통로로서, 사계생활을 명소로 만든 원동력이다.

'해녀담따'도 비슷한 사례다. 해녀는 제주가 가진 독특한 문화적 자산이다. 한국예술종합학교 출신의 청년 예술인들을 중심으로 만

출처 : https://haenyeokitchen.com

식사를 하며 공연도 즐길 수 있는 복합문화 공간 해녀의부엌.

들어진 해녀담따는 해녀의 가치를 담아내는 회사라는 미션을 갖고, 구좌읍 종달리의 아름다운 바닷가 옆에 '해녀의부엌'이라는 복합문화 공간을 설립했다. 이곳은 단순히 음식을 먹는 곳이 아니다. 해녀들의 이야기를 담은 연극 공연을 보고, 해녀들을 초대해 그들의 이야기를 들으며 식사를 하는 과정은 그 자체만으로 독특한 커뮤니티적 가치를 가진 경험이다.

과거에는 세련된 식음료 공간들이 주목을 받았다면 앞으로는 그 공간을 방문하는 사람들에게 어떤 로컬 체험을 전달할 것인지, 그곳을 찾은 사람들이 어떻게 상호작용하면서 커뮤니티적인 가치를 만들 것인지가 더 중요해질 것이다.

266   · Chapter 3 ·

스위트그린이 독보적인 샐러드 체인점으로 등극한 비결

커뮤니티적인 가치와 로컬 문화를 결합시켜 성공한 기업이 바로 '스위트그린Sweet Green'이다. 2007년 8월, 조지타운대학교 동창생들이 공동 창업한 이 회사는 2021년 1월 투자 라운드를 통해 17억 8000달러의 가치 평가를 받으며 레스토랑 기업 중 최초의 유니콘 기업으로 등극했다. '샐러드 분야의 스타벅스'라는 닉네임을 갖고 있는 스위트그린은 2021년 11월, 뉴욕 증권거래소에 상장되면서 거래 첫날 시가 총액 56억 3451달러를 기록했다.

스위트그린의 핵심가치는 단순하다. 단돈 10~12달러로 MZ세대가 원하는 맛과 영양 모두를 만족시키는 건강식을 제공하는 캐주얼 레스토랑이다. 여기까지는 지극히 평범하다. 스위트그린이 샐러드를 팔기 시작할 무렵, 미국에는 촙트Chopt와 비슷한 콘셉트의 샐러드 체인점이 많았다. 하지만 스위트그린은 그들과 차별되는 지점이 있다. 바로 운영의 핵심가치를 커뮤니티에 둔 점이다. 스위트그린은 신선한 채소와 과일, 맛있는 드레싱 등 핵심적인 요소에 집중하면서도 '건강한 먹을거리를 추구하는 사람들의 커뮤니티'를 만드는 데 핵심 가치를 두었다. 이는 그들의 슬로건인 '우리는 사람들을 건강한 음식에 연결함으로써, 더 건강한 커뮤니티를 만든다'에 잘 드러나 있다.

스위트그린은 그들의 핵심가치인 이 커뮤니티를 일반 소비자뿐만 아니라, 샐러드의 핵심적인 재료를 공급하는 농장과 상점 그리고 상

ELOTE BOWL
Melt into the tantalizing textures of
the Elote Bowl with savory roasted
corn, peppers, and heirloom
tomatoes.

출처 : https://www.sweetgreen.com

음식의 힘을 믿는 사람들의 커뮤니티를 구축하고 있는 스위트그린의 홈페이지.

점이 위치한 동네와 스위트그린의 직원까지 포함시켜 하나의 생태계로 만드는 데 주력했다. 특히 이 커뮤니티적인 가치의 핵심을 그들의 상점이 위치한 동네, 즉 로컬에 두었다. 매장을 개설할 지역을 선택할 때는 지역사회와 긴밀한 관계를 형성하는 데 많은 공을 들인다. 유동인구와 주민의 소득 수준을 고려하기보다는 지역 사람들이 건강한 커뮤니티를 만드는 데 얼마나 관심을 가지는지, 해당 지역에 건강한 식재료를 공급할 농부들이 존재하는지 등을 면밀하게 조사한다.

그다음에는 건강한 커뮤니티 형성에 관심이 많고 스위트그린이 추구하는 지속가능성과 동물복지 정신에 부합하는 마인드를 가진 농가를 찾아 사전 제휴해 공급망을 구축한다. 매장을 연 다음에는 제휴한 지역 농부들이 공급하는 채소를 식재료로 구매할 수 있는 구조를 만들고 구매 고객들이 이러한 연결 구조를 잘 인지할 수 있도록 각 샐러드 재료의 산지를 농장 단위로 적어놓는다. 자신이 지금 먹고 있는 샐러드의 재료가 어떤 농장에서 공급되었는지 알 수 없었던 고객들은 스위트그린의 샐러드를 먹으면서 식재료를 공급하는 농장과 자신이 연결되어 있다는 연대감을 갖게 된다.

음식을 조리하는 과정도 공산품 생산라인처럼 분업화해서 빠르게 만들기보다는 느리지만 직원이 각각의 고객들을 친절하게 응대하며 만들게 했다. 직원을 채용할 때도 해당 로컬 지역에 거주하는 스위트그린의 정신에 맞는 사람들을 선택한다.

공간 구성도 로컬화에 공을 들인다. 맥도날드와 스타벅스처럼 전 세계 어디에서 오픈하든 동일한 느낌을 주는 점포의 표준화를 중요하게 생각하지 않고, 지역의 색깔이 잘 드러나는 매장 설계에 주력한다. 그래서 새로운 동네에 매장을 열 때는 해당 로컬의 특징을 가장 잘 반영할 수 있는 공간을 골라 입점하고, 해당 공간의 가치를 그대로 보존하려고 노력한다. 이런 노력에 힘입어 고객들은 단순히 샐러드 가게에 가는 것이 아니라 '우리 동네 스위트그린에 간다'라는 자부심을 느낀다. 동시에 스위트그린이 이야기하는 건강한 커뮤니티 형성에 어떤 지역 농가가 동참하고 있는지도 쉽게 파악할 수 있다.

스위트그린은 이러한 핵심가치를 철학적인 신념과 연동해 잘 구축하고, 이에 동참하는 사람들을 로컬에 기반해서 조직화하는 데 성공했다. 자신들의 커뮤니티 가치가 인정을 받자, 이를 문화운동으로까지 확장시키려는 시도를 하고 있다. 그런 노력의 일환으로 메릴랜드주의 야외 공연장에서 '스위트라이프Sweet life'라는 음악 축제를 열었다.

이 축제 공연장에서 스위트그린의 비전에 공감하는 애플게이트팜Applegate Farms이나 어니스트티Honest Tea 등의 브랜드와 공동으로 건강식을 팔고 유명한 음악가들과 협업해 한정판 샐러드 메뉴를 제공하는 것도 기획했다. 2010년 작은 주차 공간을 빌려 1000여 명이 즐기던 이 페스티벌은 2만 명이 운집하는 대규모 축제로 발전했다. 스위트라이프 음악 축제는 2016년까지 6년 동안 열렸고, 매년 수만 명이 운집하는 워싱턴 D.C.의 대표적인 축제로 인정받았다. 2017년부터는 지역 단위의 소규모 축제로 개편되었다. 이 축제의 성공은 스위트그린이 샐러드를 파는 회사가 아니라, 건강한 문화적 신념을 판매하고 이를 신봉하는 팬덤을 지닌 일종의 커뮤니티임을 보여주고 있다.

스위트그린의 성공에서 살펴볼 수 있듯이 제품의 질적 가치를 넘어서는 무형의 신념을 팔아야 하는 시대다. 그리고 이러한 무형의 가치를 지지하는 커뮤니티를 활성화하고, 그 가치를 로컬이라는 개념과 연계해 시너지를 끌어올려야 한다. 커뮤니티의 미래에 '로컬'이란 개념은 앞으로 더 중요한 개념으로 자리 잡게 될 것이다.

미래 오피스의
핵심은
커뮤니티에 있다

**왜 ESG 시대에는 구성원에 대한
커뮤니티 전략이 중요한가**

코로나19로 인해 달라진 가장 큰 변화는 '일을 하는 방식'이다. 팬데믹 이전에는 회사에서 일한다는 행위가 정해진 사무공간으로 주 5일 출근해서 자기 책상에 앉아 근무하는 것을 의미했다. 하지만 비자발적인 재택근무가 일상화된 후에는 비대면 업무 방식이 뉴노멀이 되었다.

이제는 기업과 피고용인 모두 '기존의 오피스가 아닌 곳에서 일하는 업무방식'의 지속성에 대해 진지하게 고민하고 있다. 팬데믹이 마무리되고 일상으로의 복귀가 진행되고 있지만, 직장인들의 상당수가 다시 오피스로 돌아가 예전처럼 일하지 않을 것으로 보인다.

커뮤니티의 장이 된 오피스

재택근무의 보편화로 오프라인 사무공간의 축소를 이야기하는 시점에 더욱 매력 있는 확장형 커뮤니티 오피스 공간을 만들어 새로운 돌파구를 찾는 회사가 있다. 바로 배달의민족이다.

2022년 2월, 배달의민족은 롯데타워 37층과 38층에 걸쳐 총 1000평이 넘는 거대한 공간에 '하이브리드 근무'에 적합한 오피스 공간을 만들었다. 이 공간은 '워킹 Working', '코워킹 Co-Working', '서포팅 Supporting' 세 가지 세션으로 나뉘어 구성원들이 재택근무를 하면서도 동시에 집중적으로 협업할 수 있도록 구성했다.

이 사옥의 이름은 '더큰집'이다. 직원들이 집처럼 편하게 생각할 수 있는 오피스를 만들겠다는 의도가 담겨 있다. 회사에 나와서 집중적으로 일하고 싶은 사람들을 위한 공간이기도 하지만, 가장 핵심적인 오피스의 역할은 '총체적 커뮤니티의 장'으로 직원들이 자연스럽게 협력하고 싶어지는 공간이라 할 수 있다.

38층에 위치한 '청평 같은 방'이라는 이름의 워크숍 룸은 구성원들이 일정 기간 대여해서 마치 가평이나 청평 등지에 가서 워크숍을 하는 것과 같은 분위기를 느낄 수 있는 공간이다. 오피스가 아니라 경치 좋은 곳의 펜트하우스 같은 느낌을 주도록 기획되었다. '우물가'는 다양한 구성원들이 우연히 만나서 교류할 수 있는 공간이다. 과거에는 '우물가'라는 공간 자체가 마을 구성원들이 자연스럽게 모이는 곳이자, 생명의 근원인 '물'을 품은 공동체 삶의 근간이 되는 중요한 곳이었다. 구성원들이 서로 교류하는 공간을 '우물가'라고 지칭한 것만 봐도 배달의민족이 오피스 공간 내 교류와 협업을 얼마나 중시하는 조직인지 알 수 있다.

앞으로 배달의민족처럼 '커뮤니티'에 중점을 둔 오피스 공간으로의 변화를 꾀하는 기업이 점점 늘어날 것이다. 과거의 오피스는 개개인에게 독립적인 공간을 제공해 업무의 효율성을 높이는 데 주력했다면, 앞으로는 좀 더 뚜렷한 '커뮤니티적인 역할'을 기반으로 더 세분화될 전망이다. 구성원들이 함께 모여 새로운 분위기에서 회의를 할 수 있는 '워크숍 공간', 우연한 만남이 깊은 협력으로 이어질 수 있도록 돕는 '스몰 토크 공간', 외부 고객과 미팅을 하면서 친밀감을 높이는 '클라이언트 공간' 등 오피스 공간은 더 세부적으로 나뉘어 구성원들에게 제공될 것이다.

이처럼 사무공간은 구성원들이 모여야 하는 뚜렷한 이유를 제공하고, 모였을 때는 확실한 시너지를 만드는 '커뮤니티적인 역할'이 더욱 강화될 것이다. 동시에 재택근무의 확대로 인해 발생하는 비대면 회의에서도 높은 수준으로 협업할 수 있도록 디지털 기술 혁신에 많은 투자가 이루어질 것이다. 예를 들어 감정을 제대로 전달하기 위해서 화상회의 때 다양한 이모지Emoji를 사용하게 할 수 있다. 또한 발표 자료를 공유할 때 참가자 중 누가 어디를 보고 있는지, 발표자가 어디를 가리키는지를 화면에서 공유할 수 있도록 시선추적 기술을 통해 비대면 상황에서의 상호작용을 도울 수 있다. 대면회의에서처럼 표정·시선·제스처를 공유할 수 있는 화상회의 대체 도구들도 더욱 다양하게 개발될 것이다.

코로나19는 급속한 디지털 대전환을 가져왔고, 특히 일하는 방식에 일대 변화를 일으켰다. 이제 우리는 지난 수십 년 동안 당연하게 여겨온 업무 패턴을 대체할 수 있는 새로운 방식이 존재한다는 것을 알게 되었다. 재택근무에 따른 라이프스타일의 변화를 종전으로 되돌릴 수는 없다. 그렇다면 지금부터 변화해야 할 대상은 기업이다.

ESG 시대의 커뮤니티 전략

디지털 대전환의 시대에 수많은 전문가들이 기업의 주요 커뮤니케이션의 방향을 잡기 위한 핵심 키워드로 ESG를 언급하고 있다. ESG는 환경 Environment, 사회 Society, 경영 Governance 의 약자로 ESG 경영은 기업이 환경보호와 사회적 약자를 보호하는 등의 사회공헌 활동을 하거나 법과 윤리를 지키는 경영활동을 하는 것을 뜻한다.

오늘날 전 세계의 기업들은 ESG 경영을 통해 지속가능한 미래에 대비하는 데 주력하고 있다. 유럽과 미국에서는 이미 ESG 경영을 법제화하고 있으며, 국내 기업들도 ESG에 초점을 맞춘 경영활동을 하기 위해 다양한 목표를 세우고 있다. 전국경제인연합회 여론조사기관인 모노리서치가 매출액 500대 기업 CEO를 대상으로 조사한 결과, ESG에 관심이 높다고 응답한 CEO의 비율이 66.3퍼센트로 나타났다.

특히 젊은 디지털 네이티브들은 'S'와 관련된 이슈에 적극적인 반응을 보이고 있다. 2021년 5월 네이버에서 직장 내 괴롭힘이 원인으로 추정되는 직원 자살 사건이 발생하자 해당 직원의 담당 서비스였던 '네이버 지도' 불매 운동이 확산되었다. 뿐만 아니라 쿠팡의 이천 물류센터 화재로 인해 노동자가 사망하자 이는 쿠팡의 구조적인 과중 업무에 기인한 것이라고 주장하는 이들이 '탈팡', 즉 쿠팡에서 탈퇴하는 운동을 벌이며 탈퇴 인증샷을 올리기도 했다. 이런 이유로 기업들의 브랜딩 전략은 ESG 중 'S(사회)'에 초점을 맞춰야 한다는 목소리가 점점 더 커지고 있다. 고객 커뮤니케이션 전략에 있어서 'S'는 기업이 소비자들에게 DE&I, 즉 다양성 Diversity, 형평성 Equity, 포용성 Inclusion 을 실행하는 적극적인 모습을 보여주는 것이다.

속옷 브랜드 빅토리아 시크릿 Victoria's Secret 이 신장 177센티미터, 몸무게 50킬로그램, 허리둘레 24인치로 대변되는 '엔젤'이라 불리는 모델 대신 다양한 배경과 국적 그리고 성적 취향 등을 반영한 모델들을 선정한 것도 'S'에 기반한 리브랜딩 전략이다. 이는 '다양성'을 실행한 사례라 할 수 있다.

'형평성'은 모두에게 공평한 힘과 접근 기회 등을 보장하는 정책·관행·태도·행동을 강화하는 데 그 핵심가치가 있다. 최근 SK하이닉스 내에서 직원들 사이에 성과급 산정방식의 불투명성이 논란이 되자, 젊은 소비자들이 다양한 인터넷 커뮤니티에 적극적으로 형평성에 대한 이슈를 제기했다. 이에 SK하이닉스는 재빠르게 제도 개선을 약속하며 진화에 나섰는데 이러한 적극적인 행동이 'S'를 중시하는 경영활동이다. 향후 기업들은 커뮤니케이션 전략에 있어서 형평성을 어떤 방식으로 실천해나갈지를 고객들에게 전달하는 것이 중요해질 것이다.

마지막으로 '포용성'은 신체적 능력·인종·연령·사회경제적 지위·종교 등을 이유로 사회적 자원이나 권리에 대한 접근을 차별하지 않는 것이다. DE&I를 중심으로 브랜드 커뮤니케이션 전략을 오랜 기간 공들여 추진해온 대표적인 기업은 IBM이다. IBM은 포용성이라는 가치를 전달하기 위해 '장애'를 내부적으로 '다양한 능력'으로 정의하면서 사내 장애인 제도를 시스템화하고 있다. 공정성의 가치를 구현하기 위한 제도적인 노력이 이루어지면서 소수인종 승진율이 3.1퍼센트에서 2019년 이후 27퍼센트로 증가했고, 전 세계 현장의 여성 승진 비율이 36퍼센트까지 높아졌다.

IBM은 '다름'을 핵심 경쟁력으로 설정하고, 생물의 다양성을 상징하는 꿀벌을 자사의 심벌마크로 사용하고 있다. 꿀벌은 8가지 컬러로 표현되는데 이는 흑인·히스패닉·아시아인·원주민·여성·장애인·참전용사·성소수자를 표현한다. IBM의 'S'에 기반한 일련의 활동들은 가치 있는 신념을 중요하게 생각하는 젊은 디지털 네이티브들에게 큰 호응을 얻으면서 IBM의 핵심 코어 팬덤이 만들어지는 데 일조하고 있다.

이처럼 최근의 기업들은 ESG 활동에 적극적이다. 다만 주의해야 할 점은 준비되지 않은 상태에서 '척'해서는 안 된다는 것이다. 특히 '그린 워싱Green Washing' 이슈는 오히려 역풍을 맞을 수 있다. 이는 기업이 광고와 마케팅을 통해 친환경적인 이미지를 부각하면서 실제로는 환경에 해를 끼치는 제품과 서비스를 제공하는 행위다. 마찬가지로 '워크 워싱Woke Washing' 논란도 존재한다. 워크 워싱은 기업이 사회적 문제나 가치에 깨어 있는 척하면서 실제로는 아무 행동도 하지 않거나, 암묵적으로 이에 반하는 행동을 하는 것을 의미한다.

나이키는 조지 플로이드George Floyd가 경찰의 폭력으로 사망한 사건 이후, '흑인의 목숨도 소중하다(Black Lives Matter, BLM)' 운동을 지지하는 대대적인 캠페인을 진행해 큰 호응을 얻었다. 하지만 미 평등고용기회위원회에 임직원의 인종 다양성 자료를 제출하지 않아 거친 비난에 직면했다.

MZ세대는 금전적인 가치 이상으로 신념을 중요하게 생각한다. 동시에 다양한 익명 기반 플랫폼에서 적극적으로 기업의 'S'와 관련된 활동을 날카롭게 비난하는 것을 두려워하지 않는다. 향후 ESG가 커뮤니케이션 전략에 있어서 중요한 역할을 할 것이라는 점은 자명하다. ESG 활동을 등한시하는 기업은 재무적으로 불이익을 당할 가능성이 높아졌고, 특히 '가치 소비'를 중시하는 MZ세대의 눈치를 동시에 봐야 한다.

직원을 위한 커뮤니티 플랫폼을 구축하라

'임플로이 액티비즘Employee Activism 의 시대'다. 기업 내부의 직원들이 적극적으로 자신의 의사를 표현하고, 뜻을 같이하는 동료들과 함께 자발적으로 집단행위를 하는 현상을 의미한다. 앞으로 기업의 ESG 전략에서 이들의 집단의사를 어떻게 긍정적인 방향으로 이끌어 갈 것인가는 중요한 과제가 될 것이다.

'눈 가리고 아웅하는' 식의 ESG 활동은 이제 더 이상 통하지 않는다. 게다가 이제는 외부의 고객이 아니라, 내부의 임플로이들이 모여서 건전한 방식으로 소통하고 제품과 서비스, 더 나아가 기업문화 자체에 대해 허심탄회하게 이야기하는 커뮤니티 플랫폼은 더욱 늘어날 것이다.

직장인들의 익명 커뮤니티 서비스인 '블라인드'를 운영하는 팀블라인드는 컨설팅업체 크라운랩스와 함께 기업의 ESG 활동을 평가하는 회사 '크라운인사이트'를 설립했다. 500만 명 이상의 블라인드 가입자를 표본으로 기업별 ESG 평가 데이터의 신뢰 수준을 높일 계획이다. 기업 내부에서도 사내 커뮤니티를 통해 자유로운 소통을 보장하고 있다. 가장 적극적으로 대응하고 있는 기업은 삼성이다.

삼성SDS는 2018년부터 100퍼센트 익명성을 보장하는 사내 커뮤니티를 운영하고 있다. 익명성을 보장하고 자유로운 소통이 가능한 커뮤니티를 운영하자, 블라인드와 같은 외부 시스템을 이용하는 직원들의 비율이 줄어들고 임직원 간의 소통이 증가했다고 한다. 이처럼 단순히 내부 직원들의 소통을 위한 플랫폼에서 탈피해 보다 나은 직원 경험을 위한 커뮤니티 플랫폼은 늘어날 것이다.

미국의 경우 경제가 호황을 이어가면서 실리콘밸리를 중심으로 인재 쟁탈 경쟁이 심화되자, 고객이 아니라 직원들에게도 스스로 일을 선택하고 통제할 수 있는 권한을 부여하는 등 높은 수준의 경험을 전달하겠다는 기업들이 증가하고 있다. 대표적인 사례로 MS의 직원 경험 통합 플랫폼인 비바Viva를 꼽을 수 있다. 일종의 사내 지식 플랫폼으로 직무와 직급에 따라 개인화되고 실행 가능한 인사이트를 제공해 조직 내 모든 구성원이 성장하도록 돕는다.

이제는 내부 직원들도 충성고객으로 만들지 않으면 좋은 인재를 확보하기 어렵다. 그래서 기존의 고객들을 대상으로 한 다양한 커뮤니티 전략들이 내부 직원 맞춤형으로 변형되어 HR 부서를 중심으로 적극적으로 활용될 전망이다.

과거의 기업 내 커뮤니티가 외부 고객들을 모아서 친기업적인 방향으로 움직이는 역할을 했다면, 앞으로의 커뮤니티는 외부가 아닌 내부의 직원들을 모아 그 속에서 협력과 혁신이 자연스럽게 일어나도록 하는 데 초점을 맞추어야 한다. 그 일환으로 내부 직원들이 서로 적극적으로 소통하고 보다 나은 기업문화를 형성하기 위해서 의견을 나누며, 더 높은 결속감을 느낄 수 있도록 하는 커뮤니티 플랫폼은 더욱 늘어날 것이다.

인공지능이
커뮤니티를
관리하는 시대

**미래의 커뮤니티에서는
AI가 매니저 역할을 할 것이다.**

"향후 5년간 AI를 통해 우리가 접하는 모든 분야에서 자동화가 가속화될 것이다."

엔비디아의 CEO 젠슨 황이 한 말이다. 미래사회가 인공지능의 세상이 될 것이라는 점은 자명하다. 자율주행 서비스에서 인류를 기아에서 해방시켜줄 애그테크Agtech에 이르기까지, 인간의 삶 전반에 AI는 지대한 영향을 미칠 것이다. 미래의 커뮤니티에서는 AI가 매니저 역할을 대신할 수도 있다.

각종 온라인 커뮤니티가 늘어남에 따라 기업들은 사용자들이 보다 활발하게 교류할 수 있도록 첨단 과학기술에 기반한 시스템을 개발하는 데 주력하고 있다. 전문가들은 특히 AI가 커뮤니티 내에서 구성원 간의 교류 확장에 중요한 역할을 할 것으로 예상하고 있다. 현재 온라인 커뮤니티에서 일어나는 모든 활동은 실시간 데이터로 수집이 가능하고, AI에 의해 패턴화할 수 있어서 이를 기반으로 다양한 전략 수립이 용이해질 전망이다.

AI 커뮤니티 매니저의 역할

과거의 커뮤니티 교류는 커뮤니티 매니저를 중심으로 이루어졌다. 커뮤니티 활성화를 돕는 컨설팅 회사 하이어로직 Higher Logic 이 발표한 〈온라인 커뮤니티가 조직에 미치는 긍정적인 영향들〉이라는 보고서에 따르면, 브랜드와 관련된 커뮤니티의 약 76퍼센트가 해당 커뮤니티를 집중 관리하는 매니저가 있다고 응답했다. 이러한 헌신적인 커뮤니티 매니저가 있을 때 커뮤니티 퍼포먼스가 약 12퍼센트까지 향상될 수 있다고 한다. 그만큼 커뮤니티 매니저의 역할은 절대적이다.

그런데 커뮤니티를 관리하는 일 자체가 다수의 사람들과 반복적으로 소통하는 일이다 보니 운영 매니저는 상당한 스트레스를 받곤 한다. 그들의 주요 임무가 멤버들에게 연락을 하거나, 신입회원에게 기본적인 커뮤니티 활동에 대해 설명하거나, 개인적인 문의나 요청에 일일이 응대하는 등 반복적이면서도 상당한 시간이 소요되는 일이기 때문이다.

만약 커뮤니티 운영에 AI가 도입되어 매니저의 기본적인 업무를 대신한다면, 매니저는 좀 더 중요한 일에 집중할 수 있다. AI가 수집하고 분석한 데이터를 기반으로 커뮤니티 내에서 가장 활발하게 활동하는 멤버들을 파악할 수 있다. 이 멤버들은 미래의 해당 커뮤니티를 운영하는 기업이나 기관의 입장에서는 가장 중요하게 관리해야 할 핵심 인적 자산이다. 이러한 인적 관리에 있어 AI의 도움을 받는다면 매니저들은 좀 더 정확하게 멤버들을 파악해서 효율적으로 관리할 수 있다.

AI를 통한 커뮤니티 관리에 있어서 가장 큰 도움을 받을 수 있는 영역은 '개인화 경험의 제공'이다. AI는 멤버들의 활동을 데이터화해서 이들의 행동 패턴과 무의식적인 니즈를 분석하고, 멤버들을 위한 개인화된 맞춤형 서비스를 제공할 수 있다. 커뮤니티에 속한 다수를 위한 평균화된 서비스가 아니라, 멤버 개개인의 취향을 읽어내고 그들에게 맞춤형 서비스를 제공해줄 때 멤버들은 해당 커뮤니티에 더욱 깊은 소속감을 느끼게 된다. 아울러 이러한 소속감은 자연스럽게 멤버들을 충성도 높은 팬으로 변모시킬 것이다.

AI를 활용한 커뮤니티 운영은 전체적인 운영비를 줄이는 효과도 가져온다. 특정 커뮤니티에 가입한 후 어느 정도 시간이 지나면 멤버들은 그 속에서 활동하는 것에 익숙해지고, 각자가 제품이나 서비스를 이용하는 과정에서 생기는 다양한 정보들을 찾고자 노력할 것

284

이다. 이때 커뮤니티 매니저가 관련 정보를 지속적으로 업데이트하는 것이 아니라, 멤버들이 스스로 정보를 산출해내고 다른 멤버들이 궁금해하는 것까지 해결해준다면 커뮤니티 운영은 한결 쉬워질 것이다.

가령 AI에 기반한 추천과 검색 기능은 커뮤니티에 소속된 멤버들의 활동을 분석해서 사전적으로 이들이 원하는 정보들을 매칭시켜 줄 수 있다. 멤버들이 커뮤니티 내에 남긴 다양한 정보들을 카테고리화해서 해당 정보가 필요한 다른 멤버들에게 추천해주는 매칭 서비스는 커뮤니티를 자생적으로 확장시켜 운영의 부담을 덜어줄 것이다.

AI를 활용하는 커뮤니티 운영 전략

AI 전문가들은 온라인 커뮤니티 플랫폼 안에서 AI가 커뮤니티 매니저를 완전히 대체하는 세상이 올 것이라고 내다본다. 물론 아직은 요원하다. 하지만 AI와 같은 최신 첨단기술의 발전은 매니저가 반복적으로 해오는 낮은 수준의 서포트 기능을 대체해서, 그들이 좀 더 높은 수준의 커뮤니티 활동에 집중하도록 도울 것이다.

일차원적인 관리 업무에서 벗어난 매니저는 사람과 사람 사이의 관계적인 측면과 아날로그 감성 터치에 더 집중할 수 있다. 이처럼 향후 AI를 활용한 커뮤니티 운영 전략은 기업의 주요한 미래 전략 중 하나이자, 필수적인 요소가 될 전망이다.

커뮤니티 경제로의
전환을 준비하라

"관계는 살 수 없다. 쌓아나갈 수 있을 뿐이다."

유명 저술가 타라 니콜 넬슨Tara Nicholle Nelson 의 이 말은 기업들에게 시사하는 바가 크다. 오늘날 비즈니스 환경에서는 좋은 제품과 서비스만으로 차별화된 가치를 제공할 수 없다. 각종 소셜미디어에는 수많은 브랜드가 새롭게 등장해 고객의 눈과 귀를 사로잡고 있다. 경쟁은 갈수록 치열해지고 있으며 고객의 마음은 종잡을 수가 없다.

그렇다면 기업들은 무엇에 집중해야 할까? 이제야말로 소비자들과 좀 더 깊은 수준의 관계를 쌓아야 한다. 제품과 서비스에 담긴 진정성과 신념에 관해 함께 이야기를 나눈 사람들이 모여 서로 교류하게 해야 한다. 향후 기업과 개인이 비즈니스를 하는 데 있어서 커뮤

커뮤니티 2.0 시대의 변화 양상

Community 1.0	Community 2.0
Internet 2.0	**Internet 3.0**
모바일 기반 커뮤니티 인프라 구축	가상세계 기반 커뮤니티 인프라 구축
Big Brand	**Small Brand**
빅 브랜드 위주의 커뮤니티 전략	스몰 브랜드를 위한 커뮤니티 전략
National	**Local**
전국적인 규모의 커뮤니티 채널	로컬 기반의 소규모 커뮤니티 채널
Customers	**Employee**
외부 고객을 위한 커뮤니티 채널	내부 직원들을 위한 커뮤니티 채널
Human Touch	**High Tech**
커뮤니티 매니저 중심의 전략	하이테크 기술을 통한 커뮤니티 매니징

니티 형성을 통한 소비자의 팬덤화 작업은 기본적인 활동으로 자리 잡게 될 것이다. 더욱 치열해질 커뮤니티 경쟁 속에서 탁월함을 갖추려면 어떤 노력을 기울여야 할까?

첫째, 가상세계를 통한 새로운 커뮤니티의 등장에 관심을 가져야 한다. 공간 기술에 기반한 새로운 가상세계가 열리면, 기업과 개인은 이 새롭게 펼쳐질 공간에서 어떤 방식으로 소비자들과 교류할 것인지 구체적으로 고민해야 할 것이다.

둘째, 스몰 브랜드일수록 커뮤니티를 통해 작지만 의미 있는 수의 팬들을 만드는 데 공을 들여야 한다. 커뮤니티 형성은 엄청난 자본을 가진 기업들이 D2C 기반의 개별 플랫폼을 만들어서 운영하는 것으로 끝이 아니다. 소비자들과 지속적으로 교류하는 온오프라인 커뮤니티 행사를 통해서 팬을 만드는 스몰 브랜드의 성공 사례는 앞으로 더 많이 등장하게 될 것이다.

셋째, 전국 규모보다는 로컬 기반의 커뮤니티 형성에 집중해야 한다. 초개인화된 시대에는 규모가 큰 커뮤니티만이 정답이 아니다. 때로는 독특한 라이프스타일을 반영하고 있는 로컬 기반의 맞춤형 커뮤니티를 오픈해, 그 안에서 고객의 삶에 더 밀착된 커뮤니티 경험을 주는 것이 더 중요할 수 있다.

넷째, 외부 고객을 위한 커뮤니티뿐 아니라 내부 직원들이 자발적으로 모여 적극적으로 활동할 수 있는 사내 커뮤니티 활성화에도 관심을 가져야 한다.

마지막으로, 끊임없이 발전하는 첨단기술을 적극적으로 이용해 커뮤니티 매니저 역할을 다변화할 필요가 있다. AI를 활용하면 커뮤니티 매니저의 부담을 덜어주어서 이들이 좀 더 높은 수준의 커뮤니티 활동에 집중하도록 도울 수 있다.

다가올 웹 3.0 시대는 플랫폼 경제에서 커뮤니티 경제로의 전환이 더욱 가속화될 것이다. 그 어느 때보다 개인의 힘이 커지는 시대에 어떻게 그들을 연결하고 모을 수 있을지 모색해야 할 때다.

성공적인 커뮤니티
형성을 위한 법칙

고객과 눈높이를 맞추는 작업, '온보딩'에서 출발하라

박찬빈

MGRV 신사업 커뮤니티 비즈니스 리드

탁월한 커뮤니티 매니저로 정평이 난 박찬빈 리드는 에어비앤비와 위워크 한국 지사에서 고객 발굴 스페셜리스트, 커뮤니티 매니저로서 다양한 프로젝트를 수행했다. 부동산 개발 스타트업인 MGRV에서 코리빙 브랜드 맹그로브의 커뮤니티 팀을 리드했고, 현재는 신규 사업을 기획하고 있다. 자신의 주거 공간을 '찬빈네집'이라는 브랜드로 만들었으며, 독립출판물 《찬빈네집 – Vol. 1 촌스러운 집의 낭만》을 직접 제작하기도 했다.

커뮤니티 매니저로서 다양한 커리어를 쌓아온 그가 커뮤니티 형성을 위해 가장 필수적으로 생각하는 것은 무엇일까? 그가 몸담았던 브랜드들은 '사람'을 잡기 위해 어떤 노력을 기울이고 있을까?

● 왜 지금 모든 기업들이 '커뮤니티'에 집중하고 있을까요? 커뮤니티의 중요성이 커져가고 있는 이유를 기업과 개인의 입장에서 설명해주세요.

기업들이 커뮤니티에 집중하게 된 이유는 더 이상 선택이 아닌 '필수'가 되었기 때문입니다. 이전에는 상품 혹은 서비스를 사고파는 과정에서 기업과 고객의 관계는 단순히 공급자와 소비자로 정의되었습니다. 하지만 기술이 발달하고 정보의 양이 늘어나면서 이분법적으로 나뉜 관계가 점차 복잡해지고 다채로워졌죠. 역할이 서로 뒤바뀌는 사례도 있고요. 고객이 서비스의 조력자 역할을 하기도 하고, 기업이 소비자의 콘텐츠를 역으로 소비하는 것처럼요. 이러한 변화는 고객을 바라보는 관점, 즉 기업의 '본질'이 무엇인지 인식하게 된 것에서 시작되었다고 생각해요. 이 과정에서 장기적으로 고객과의 '관계'에 초점을 맞추게 된 거죠.

● 기업이 커뮤니티를 형성하기 위해 가장 중요하게 생각해야 하는 부분은 무엇일까요?

커뮤니티는 결국 고객, '사람'이 중심이 되어야 합니다. 그렇기 때문에 고객이 무엇을 필요로 하고, 무엇을 불편하게 여기는지를 아는 것에서부터 시작하는 것 같아요. 무엇보다 기업이 고객을 '이만큼이나 생각하고 있구나' 하는 경험을 전달하는 것도 중요하고요. 그러려면 고객을 잘 이해하는 작업이 선행되어야 하죠. 종종 고객을 쉽게 판단하는 경향이 있는데, 그렇게 되면 고객은 점점 기업의 메시지에 공감할 수 없게 되고 결국 등을 돌리게 됩니다. 그래서 늘 고객 입장에서 생각할 수 있도록 '고객 경험'을 깊이 파고들어야 합니다. 그들을 객관적으로 잘 이해하고 있는지 끊임없이 묻고 답하는 과정이 중요합니다.

● '사람과 관계'를 맺고 이를 발전시켜나간다는 측면에서 커뮤니티 형성은 공력이 많이 드는 과정입니다. 커뮤니티 매니저로서 다양한 커뮤니티를 운영하면서 가장 힘들었던 부분은 무엇이었을까요?

커뮤니티는 직역하면 공동체잖아요. 공동체라는 것은 같은 목적과 방향성을 가지고 있어야 하고요. 따라서 기업 관점에서는 커뮤니티에 대한 '기대치'를 고객과 맞추는 작업이 필수적이에요. 터무니없이 큰 비전과 달성하기 어려운 목표를 제시하는 것은 되레 독이 될 수 있거든요. 이 일을 하면서 커뮤니티도 작은 것부터 차근차근 다져나가야 한다는 것을 배웠죠. 고객에게 '왜' 이 커뮤니티에 속해야 하는지 납득시키는 게 가장 중요하고요. 신규 고객을 발굴할 때 가장 중요한 절차가 바로 '온보딩 Onboarding'이라고 생각해요. 고객과 기업, 혹은 고객 간의 눈높이와 기대치를 맞추는 작업이죠. 서로의 다름을 이해할 수 있는 첫 관문이기도 하고요. 온보딩이 생략되거나 부족한 경우, 커뮤니티의 지속성이 떨어지게 돼요.

시작이 반인데 말이죠.

● 에어비앤비와 위워크에 근무하면서 다양한 커뮤니티 형성을 위한 내부 프로젝트를 해오셨는데, 기억에 남는 에피소드가 있다면 소개 부탁드립니다.

에어비앤비에서는 제주 프로젝트가 기억에 남아요. 제주맥주 양조장이 한림에 처음 오픈했을 때 함께 호스트 밋업을 진행했습니다. 제주에 살지만 멀리 있는 분들은 참여하기 어려울 수 있어서, 당시 제주를 한 바퀴 돌며 거점별 소규모 밋업을 진행했어요.

에어비앤비는 매 분기마다 기준 이상의 평점을 유지하고 운영 능력이 뛰어난 호스트를 선정해 '슈퍼호스트'라는 지위를 부여하는데, 이들을 대상으로 '슈퍼호스트 앰버서더' 프로그램을 운영했던 것도 생각납니다. 호스팅을 처음 시작하는 사람이 무사히 첫 게스트를 맞을 수 있도록 도와주는 일종의 멘토링 프로그램이었죠. 이 경험으로 인해 현장에서 기존 고객과 신규 고객 간의 연결 방법과 신규 고객을 커뮤니티로 유입하는 다양한 방식에 대해 고민해볼 수 있었습니다.

위워크에서는 제가 좋아하는 커피를 주제로 커핑 체험, 핸드드립, 매쉬커피 사장님들의 신간 북토크, 커피와 글쓰기 등 다양한 프로그램을 기획하고 실행했었어요. 이 과정에서 커뮤니티에서는 함께 시간을 보내고 대화를 나누는 게 중요하다는 것을 깨닫게 됐죠. 부담 없이 말이죠.

- 에어비앤비, 위워크, 맹그로브 모두 서비스 내에서 활동하는 이들을 위한 다양한 오프라인 커뮤니티 활동이 있습니다. 특히 에어비앤비는 집주인들의 커뮤니티도 관리하는 것으로 알고 있습니다. 이러한 브랜드들의 오프라인 커뮤니티 운영 방식이 궁금합니다. 그리고 '오프라인 커뮤니티 운영에 있어서 이런 점은 정말 대단하다'라고 느끼신 부분이 있다면 소개 부탁드립니다.

> 맹그로브는 '집'이에요. 타인과 공용공간을 나눠 함께 사용하는 코리빙 하우스죠. 집이라는 공간에서 이벤트가 열린다는 것은 누군가에게 흥미로울 수 있으나, 누군가에게는 불편을 줄 수 있어요. 그래서 공간을 프라이버시 레벨에 따라 기획합니다. 맹그로브 소셜클럽MSC이라는 커뮤니티 프로그램을 통해 다양한 공용공간에서 프로그램을 진행하며 공간의 쓰임새를 직접 경험하게 하기도 하고요. 커뮤니티의 중요한 특성 중 하나가 '주체성'이라고 생각하는데, 맹그로브에서는 MSC 'by Members'라는 기획으로 멤버, 즉 입주민이 호스트가 되어 상호 교류를 하기도 해요. 호스트 멤버와 관계를 맺고, 눈높이를 맞춰 나가는 작업이 쉬운 일이 아님에도 불구하고, 그 일들의 중요성을 알고 세심하게 설계 및 실행하는 게 참 대단하다고 느꼈습니다.

- 앞선 기업들은 오프라인 커뮤니티 활동도 잘하지만 온라인 커뮤니티 경험 전달에도 공을 많이 들이고 있는 것으로 알고 있습니다. 에어비앤비, 위워크, 맹그로브는 어떤 디지털 기반의 커뮤니티 활동을 지원하고 있나요?

기본적으로 에어비앤비는 숙박 플랫폼, 즉 예약 채널로서 앱을 통해 숙소Stay 혹은 경험Experience을 예약하는 기능 외에 커뮤니티 활동을 지원하지는 않아요. 주로 호스트 밋업, 행사 등은 이메일로 소통하죠. 위워크와 맹그로브는 코워킹과 코리빙이라는 공간, 즉 하드웨어가 주력 상품이자 서비스지만 자체 디지털 프로덕트 앱을 개발해 소통하고 있습니다. 정기적인 이벤트를 주최해 진행하기도 하고, 멤버라 불리는 입주민들의 소통을 이어주는 게시판을 통해 커뮤니티 활동이 자발적으로 이어질 수 있도록 하고 있어요.

● 오프라인 커뮤니티와 온라인 커뮤니티는 구체적으로 어떤 장단점이 있을까요?

확실히 두 방식 간에는 거리감에 따른 차이가 있습니다. 디지털은 디지털대로, 오프라인은 오프라인대로 장단점이 분명히 있는 거죠. 디지털은 접근성이 높은 반면에 깊은 유대를 쌓는 데 한계가 있어요. 사람들은 여전히 직접 얼굴을 보고 대화를 나누는 것에 더 큰 의미를 부여하잖아요. 오프라인은 반대로 접근성이 낮다는 것이 장애물이 될 수 있죠. 결국에는 이 둘이 적절히 혼합된 방식이 가장 큰 시너지를 낸다고 생각해요. 디지털을 기본으로 해서 문턱을 낮추고, 적절한 시점에는 반드시 오프라인 행사를 열어 결코 가볍지 않은 커뮤니티를 만들어나가는 것이 중요하다고 봅니다.

● 개인적으로도 커뮤니티 프로젝트를 진행하고 계신데, '나'를 브랜딩하기 위해서 커뮤니티 활동을 한다는 것은 어떤 의미인가요? 그리고 운영할 때는 어떤 부분에 더 공을 들여야 할까요?

자기 자신을 이해하는 작업이 선행되어야 해요. 결국 '기록'이 필수인 것 같고요. 자신을 이해하고 발견하면 자연스럽게 어떤 이야기를 하고 싶은지 보이거든요. 이후에는 나 혼자만이 아닌, 누군가에게 잘 알리는 것도 중요합니다. 이 과정에서 이런저런 고민을 하다 보면 내가 좋아하는 것, 다른 사람들이 좋아하는 것이 분명히 보일 거예요. 저에게 '집'은 늘 결핍의 단어였어요. 그래서 자연스럽게 만족스러운 집을 만났을 때 진짜 하고 싶은 이야기가 나오게 됐죠. 이후 기록을 미루지 않았고, 그 기록이 타인의 공감을 얻으면서 책을 낼 용기까지 얻었어요. 우리는 지금 각 개인이 미디어인 시대에 살고 있어요. 이야기를 멈추면 아무 일도 일어나지 않아요. 그러니까 일상의 작은 순간을 나만의 관점으로 기록해보는 데 공을 들이면 좋겠어요. 그러면 자연스럽게 나의 이야기에 공감하고 나를 응원해주는 사람들이 생겨날 거예요.

296

" 커뮤니티는 관계의 미학이 작용하는 "
신비로운 모험의 세계

백영선
플라잉웨일 대표

백영선 플라잉웨일 대표는 다음과 카카오에서 다양한 커뮤니티 운영 경험을 한 후, 그 경험을 외부 커뮤니티 형성에 적극적으로 도입한 대표적인 현장 커뮤니티 전문가다. '낯선대학', '낯선컨퍼런스' 등 성장과 변화를 위한 개인들의 느슨한 연대를 표방하는 커뮤니티를 만들어왔다. LG전자, 카카오엔터프라이즈와 같은 대기업부터 프립FRIP, MKYU와 같은 스타트업들이 고객 커뮤니티를 만드는 데 협업을 해왔다. 콘텐츠 및 커뮤니티 기획자로서 무수한 프로젝트를 성공시켰던 그에게 기업과 고객 모두 만족할 수 있는 커뮤니티 형성의 비결에 대해 물었다. 성공적인 커뮤니티를 만들기 위해 기업이 가장 중요하게 생각해야 할 것과, 좋은 견본이 될 만한 기업 사례에 대해 들어보자.

● 그동안 어떤 커뮤니티 프로젝트를 해오셨는지 소개해주세요.

주로 사이드 프로젝트와 본업을 통해 커뮤니티를 만들거나, 만드는 과정에 함께했습니다. 사이드 프로젝트로 만든 커뮤니티로는 회사 내 커뮤니티인 공연전시관람 동호회 '다공동', 인문학 동호회 '통통배', '사람책 프로젝트' 그리고 카카오 프로젝트100의 시작점이 된 '100일 프로젝트' 등이 있습니다. 회사 밖 커뮤니티로는 어른들의 느슨한 연대를 지향하는 '낯선대학', '낯선컨퍼런스' 그리고 경험공유살롱 '리뷰빙자리뷰', 달리기 커뮤니티 '월간마라톤' 등이 있습니다.
김미경 대표의 MKYU에서 콘텐츠·커뮤니티 협업파트너로, 명동성당 앞 '페이지명동'에서는 커뮤니티 디렉터로, 취미·여가 분야 스타트업 프립에서는 소셜살롱을 기획하는 임팩트디렉터로 일했습니다. 최근에는 NFT 기반 제로웨이스트 커뮤니티 프로젝트, LG전자 고객 커뮤니티 프로젝트에 함께하고 있습니다.

● 현장 전문가로서 많은 기업과 개인들을 만나오셨을 텐데, 왜 지금 모두 '커뮤니티'에 집중하고 있을까요? 개인과 기업 입장에서 각각 설명해주세요.

커뮤니티가 요즘 갑자기 중요해진 것은 아닙니다. 사람은 누군가와 늘 이어져 있기를 바라잖아요. 커뮤니티는 이전부터 있어왔고 우리의 삶에서 늘 중요한 부분을 차지해왔습니다.

단지 커뮤니티의 형태나 운영 방식, 지향점 등이 이전과 많이 달라졌어요. 우선 소셜미디어의 영향과 코로나19를 비롯한 사회 경제의 변화 등이 사람들의 관계에 영향을 미쳤습니다. 개인들은 과거로부터 출발한 커뮤니티(향우회, 동문회, 종친회, 전우회 등)보다는 미래를 지향하는 커뮤니티(취향, 관심사, 공부, 변화 등)에 더 적극적으로 참여하고 있습니다. 바꿀 수 없는 과거보다는 바꿀 수 있는 미래에 시간과 노력 그리고 자신이 가진 것을 투자하는 거죠. 가능성과 호기심이 충만하다 보니 하나의 커뮤니티가 아닌, 다양한 커뮤니티와 느슨하게 이어져 있고요.

기업 입장에서는 신규 고객 획득이 중요한데, 이전만큼 광고나 캠페인이 통하지 않고 있어요. 개인정보 이슈 등으로 타깃형 광고나 퍼포먼스 마케팅이 점점 어려워지고 있으니까요. 그래서 기존 고객들과의 보다 친밀한 관계 맺기를 위해 '고객 커뮤니티'에 더 깊은 관심을 갖게 되었습니다. 고객 커뮤니티는 마케팅과 브랜딩 효과 외에 R&D와 채용에도 영향을 미칩니다. 활성화된 고객이 주는 피드백과 의견이 기업의 서비스와 제품에 긍정적인 도움을 주고, 경력직 채용이 많아지면서 커뮤니티 활동을 하고 있는 고객 중에서 채용을 하는 사례도 늘어나고 있습니다. 앞으로도 기업들은 좀 더 다양한 '고객 경험'을 위해 커뮤니티를 보다 적극적으로 활용할 것입니다. 마켓 4.0과 프로세스 이코노미의 시대에 고객 커뮤니티는 아주 효과적인 도구인 거죠. 소셜미디어 시대에 고객들이 참여의 경험을 했다면, 이제는 '창조'의 경험을 원하고 있습니다. 좀 더 긴밀하고 특별한 관계를 원하는 거죠. 그런 고객들이 결국 찐팬이 되고, 그런 찐팬이 많은 기업이 오래가지 않을까요?

● 대기업과 스타트업 그리고 일반인을 위한 커뮤니티까지 아주 다양한 커뮤니티를 경험해오셨습니다. 기업 입장에서 커뮤니티를 잘 형성하기 위해 가장 중요한 부분은 무엇일까요?

'우리도 고객 커뮤니티를 만들어보자!'라고 툭 던지듯 커뮤니티를 시작해서는 안 됩니다. 고객 커뮤니티는 '고객들과의 연결'입니다. 그걸 통해 기업도 가치를 얻어야 하고, 참여하는 사람들도 가치를 얻어야 합니다. 단순히 돈을 주고 운영하는 마케팅 집단이 아니라, 관계를 형성해야 하는 것이기 때문에 서로 신뢰를 만드는 시간과 노력이 필요합니다. 하지만 제품을 만들듯, 모든 것을 준비해서 시작할 필요는 없습니다. 커뮤니티를 두 명 이상의 같은 지향을 가진 이들의 모임이라고 했을 때, 단 두 명만 있어도 역사를 만들 수 있어요. 이때 두 명은 직원 한 명과 고객 한 명인 거죠. 그 두 명이 '버닝맨'이 되어 재미있게 불타올라야 합니다. 회사는 그들이 재가 되지 않도록 적절한 대응과 지원을 해야 하고요. 그렇게 불은 바람을 타고 번집니다. 우리를 응원하고 지지하는 고객들의 힘이 커지는 거죠. 커뮤니티는 '관계의 미학과 역학이 작용하는 신비로운 모험의 세계'라는 것을 인지한다면,

휠씬 더 단단하면서도 유연한 고객 커뮤니티를 만들 수 있을
것입니다.

● 현장 전문가로서 커뮤니티를 통해 가치를 만들어가고 있는 기업 중 가장 잘
해내고 있다고 생각하는 사례가 있다면 설명해주세요.

고객 커뮤니티의 원톱은 'ARMY'가 아닐까요? 연예산업에
서는 오래전부터 팬덤을 중심으로 한 고객 커뮤니티가 비즈
니스의 큰 축이었습니다. 그러던 것이 요즘 많은 기업으로
다양하게 확장된 거고요. 그 외에는 앰버서더 커뮤니티로 흥
한 노션과 룰루레몬, MVP 커뮤니티로 막강한 지지세력을
구축한 마이크로소프트, 배짱이 프로그램을 통해 찐팬과 적
극 소통하는 배달의민족 등 여러 기업이 떠오르네요. 요즘은
오늘의집이 단연 돋보입니다. 2019년 오늘의집은 '오하우스'
라는 3개월만 반짝 활동하는 별동대 같은 커뮤니티를 만들
었는데, 여기에 콘텐츠 인플루언서들이 결집했어요. 이들은
매달 오늘의집에 라이프스타일 관련 콘텐츠를 제공합니다.
오늘의집에는 일반 유저들의 콘텐츠도 있지만, 이들 이야기
는 좀 더 깊고 융성하죠. 그래서 인기가 높습니다. 오늘의집
은 이들을 통해 양질의 콘텐츠를 얻어 더 많은 유저와 구매
자를 확보하고 있어요. 멤버들은 이 활동을 통해 소정의 활
동비를 받지만 그게 전부는 아닙니다. 오하우스 멤버란 사실
을 알리며, 자신의 영향력을 키우면서 서로 윈윈하는 구도를

만들어가고 있어요. 오하우스가 보다 특별한 건, 자체 수익 모델을 가졌다는 것입니다. 다른 기업에서 이들과 협업을 원하는 거죠. 다양한 고객 체험단 행사를 오하우스에 제안합니다. 이런 프로모션을 통해 수익이 발생하고, 그 수익으로 멤버들에게 다양한 혜택(꽃배달 등)을 제공합니다. 이런 구조를 만들어 운영하는 오늘의집, 정말 멋집니다!

● 커뮤니티 분야 전문 컨설턴트로 활동하고 싶어 하는 이들을 위한 조언 부탁드립니다. 어떤 부분에 집중해야 하며, 커리어 관리는 어떻게 해야 할까요?

커뮤니티는 단 두 사람만으로도 만들 수 있습니다. 다들 너무 크게 생각해서 쉽게 시작하지 못하는데, 작게 시작하는 걸 추천합니다. 누구나 만들어왔고, 누구나 만들 수 있습니다. 그래도 엄두가 나지 않는다면 누군가가 만든 커뮤니티에 올라타 보세요. 커뮤니티의 성패는 사실 '시작'보다 '운영'에 있습니다. 그러니 운영의 묘는 계속해서 배워야 합니다. 어떻게 멤버들과 커뮤니케이션하는지, 어떻게 멤버들의 활동을 이끌어내는지, 공간이 있다면 어떻게 그곳을 디자인하고 운영하는지 등등을 배울 수 있습니다.
한편 리추얼 프로젝트를 직접 기획해보는 것도 추천해드려요. 일단 혼자서 해보시고, 그게 익숙해지면 그 경험을 바탕으로 주변 지인과 함께 해보세요. 30일, 100일 혹은 반기나 분기 프로젝트를 진행할 수 있어요. 밑미, 한달어스, 챌린저스 서비스를 관찰해보면 많은 힌트를 얻을 수 있습니다. 리추얼 프로젝트는 주로 온라인을 거점으로 커뮤니케이션과 활동을 하고, 오프라인 활동은 중요한 순간에 한두 번이면 됩니다. 그러니 부담이 덜하죠. 이렇게 A4 두께 같은 경험들이 쌓이다 보면, 커뮤니티 기획과 운영에 대한 감각도 두터워집니다.

일로서 커뮤니티를 기획하고 운영하면 더할 나위 없겠지만, 그런 기회가 흔치 않습니다. 그러니 우선 사이드 프로젝트로 다양한 커뮤니티 실험을 해보길 권합니다.

" 진심에 기반한 콘텐츠보다 강력한 힘은 없다 "

서권석

콘텐츠&마케팅 전문가

콘텐츠를 기반으로 커뮤니티를 활성화하는 서권석 콘텐츠&마케팅 전문가는 카카오를 거쳐 국내 숏폼 시장을 선도한 72초TV와 유니콘으로 성장한 무신사까지, 디지털 생태계와 커뮤니티를 성공적으로 활용한 다양한 기업에서 콘텐츠와 관련한 마케팅을 리드해왔다. '디지털마케팅서밋', '컨텐츠마케팅서밋' 등 브랜드, 콘텐츠, 마케팅 분야의 사람들이 모이는 다양한 컨퍼런스에서 기획자로 참여하고 있다. 한국콘텐츠진흥원에서 자문위원으로 활동하는 등 업계의 경계를 넘어 다양한 커뮤니티를 연결하는 이음새 역할을 하고 있다. 브랜드와 플랫폼, 콘텐츠의 구분이 사라져가는 요즘, 커뮤니티가 기업의 성장에 미치는 영향과 갈수록 중요도가 높아지는 커뮤니티 플랫폼의 역할과 미래상에 대해 들어보았다.

● 왜 지금 모든 기업들이 '커뮤니티'에 집중하고 있을까요? 커뮤니티의 중요성이 커져가고 있는 이유를 기업과 개인의 입장에서 각각 설명해주세요.

매스미디어 시대에 네트워크화된 미디어 환경으로 변화하면서 개인도 누구나 퍼스널 브랜드로 활동할 수 있게 되었습니다. 기업은 그런 개인과 직간접적으로 만날 수 있는 기회를 모색하는 데 관심을 기울이게 되었고요. 헤게모니의 변화로, 다양한 취향의 개인이 새로운 유형의 집단이 되어 그 영향력을 확대해가고 있으며, 마케팅에 있어서 그들과의 인터랙션은 선택이 아닌 필수가 되었습니다. 오늘날 우리는 규모가 아닌 취향 그리고 대중보다는 커뮤니티가 중요한 시대를 살고 있다고 생각합니다.

● 신발 덕후가 시작한 팬덤 기반의 커뮤니티에서 거대한 이커머스 플랫폼으로 성장한 무신사에서 일하셨습니다. 무신사의 성장에 커뮤니티가 미친 영향은 무엇이라고 보시나요?

'무언가에 진심일 때, 그것보다 강력한 것은 없다'라는 것을 직간접적으로 실감할 수 있었습니다. '무지하게 신발 사진 많은 곳'이라는 커뮤니티가 만들어지고 활성화될 수 있었던 근간은 결국 진심에 기반한 콘텐츠였습니다. 다양한 취향을 가진 사람들의 진심이 지속적인 콘텐츠 기획과 제작을 통해 결국 '규모'와 만나게 된 거죠. 그 결과, 커뮤니티로 시작한 무신사는 이제 MZ세대가 가장 선호하는 패션 쇼핑몰이자 대한민국 대표 유니콘 기업이 되었습니다.

● 무신사는 플랫폼 안에 여러 가지 트릭을 숨겨놓고 고객들을 끊임없이 '락인 Lock-in'시키고 있습니다. 무신사의 커뮤니티 락인 전략 중 가장 파워풀한 전략은 무엇인가요?

'우리가 사랑한 패션의 모든 것, 다 무신사랑 해'라는 유아인이 등장하는 광고 속 카피는 무신사의 커뮤니티 전략을 고스란히 보여줍니다. 무신사는 플랫폼 안팎으로 다양한 콘텐츠를 지속적으로 생산하는데, 이는 입점 브랜드와 소비자를 연결하는 중요한 역할을 담당합니다. 무신사의 안이든 바깥이든 무신사가 전략적으로 협업하는 브랜드의 제품이 자연스럽게 노출되고, 소비자는 그 제품을 무신사 안에서 구매할 수 있습니다. 입점 브랜드와 함께 성장하는 커뮤니티 플랫폼으로서 소비자의 로열티는 더욱 견고해질 수밖에 없습니다.

● 커머스 플랫폼 대부분이 핵심 커뮤니티 멤버들에게 다양한 보상을 해줍니다. 현장 전문가로서 이들 플랫폼이 구체적으로 어떤 보상체계를 마련하고 실행하고 있는지 설명해주세요.

입점 브랜드와 함께 커머스 플랫폼의 중요한 고객은 소비자입니다. 무신사는 그 소비자의 재구매율이 우수한 플랫폼이고요. 커뮤니티를 시작으로 미디어커머스로 확장하면서 구축한 멤버십이 그 중추적인 역할을 해주었습니다. 기존 고객의 재구매율을 높일 수 있도록 '락인'할 수 있는 혜택을 다양하게 제공함으로써, 소비자는 플랫폼의 팬으로 거듭나는 거죠. 그리고 끊임없는 인터랙션을 통해 구매뿐 아니라 콘텐츠를 생산하는 창작자나 콘텐츠를 소비하는 유저로서의 역할도 하게 됩니다. 그 과정에서 누적 구매와 다양한 활동에 대한 보상 기준에 따라 회원 등급은 물론 할인과 쿠폰 등의 리워드가 달라지면서 유저는 게이미피케이션을 경험하고 충성도는 더 높아집니다.

● 꼭 물건을 사야 하는 상황이 아니라도 끊임없이 플랫폼을 방문하게끔 만드는 '미디어커머스' 기업이 늘고 있습니다. 최근의 커머스 상황에서 이런 기업들은 커뮤니티 플랫폼을 구축하기 위해 어떤 노력을 하고 있습니까?

플랫폼 입장에서 콘텐츠를 공급할 수 있는 대상은 인하우스 스튜디오를 제외하고는, 입점 브랜드와 외부 크리에이터 그리고 고객과는 또 다른 관점의 유저입니다. 인하우스 스튜디오의 경우, 해당 플랫폼의 전략적인 방향성에 맞는 크리에이티브를 안정적으로 생산하고 유의미한 레퍼런스를 통해 기준을 만들어주기도 합니다. 하지만 영상 콘텐츠는 비용 대비 효율을 고려하지 않을 수 없습니다. 커뮤니티 플랫폼은 유저를 단순 시청자나 소비자로 접근해서는 운영이 어렵습니다. 안정적인 콘텐츠 제작 루틴을 만드는 것만큼이나 입점 브랜드나 외부의 크리에이터 그리고 유저가 직접 콘텐츠를 생산하고, 그로 인해 스스로 브랜드가 되어 비즈니스로 적절한 보상을 받을 수 있는 구조와 문화를 만드는 노력이 중요하다고 생각합니다.

● 디지털 영역에서의 커뮤니티 플랫폼은 앞으로 어떤 방향으로 진화해나갈까요?

저는 '크리에이터 이코노미'에 주목하고 있습니다. 커뮤니티는 온라인으로 서로의 관심사에 대한 정보를 연결하고 함께 탐색하는 곳이며 그 공동체는 온오프라인의 경계를 넘어 강력한 팬덤으로 이어지기도 합니다. 웹 3.0에서 크리에이터는 퍼스널 브랜드로서 오너십을 가질 수 있습니다. 이러한 구조 안에서 콘텐츠 플랫폼은 성장하고 팬덤 생태계의 변화에 맞는 커뮤니티로서 가치를 가질 수 있을 것입니다. 관계를 맺는 주체가 크리에이터가 되면서 더 많은 커뮤니티가 조성되고, 보다 견고한 관계를 형성할 수 있을 것으로 기대됩니다. 이로 인해 플랫폼에서 확장되는 비즈니스의 영향력은 양적으로나 질적으로나 현재의 커뮤니티와 다른 차원의 규모로 확장될 것입니다. 더불어 그 생태계와 연결된 구조적 장치가 마련되어 장기적인 마케팅을 위한 도구를 넘어서는 시스템을 만들어주어야 할 것입니다.

> **강력한 커뮤니티를 구축하려면
> 브랜드 경험을 강화해야**

우승우, 차상우
더워터멜론 공동 대표

'더워터멜론'은 2017년 브랜드 컨설턴트 우승우, 차상우 대표가 공동 창업한 브랜드 전문 기업이다. 대기업과 글로벌 기업들을 대상으로 하는 브랜드 컨설팅, 브랜드 캠페인과 함께 8000여 명의 멤버로 구성된 국내 최대 브랜드 커뮤니티 비마이비 Be my B를 운영 중이며, '창업가의 브랜딩', '디지털 시대와 노는 법' 등 다양한 브랜드 관련 도서 및 콘텐츠를 제작하고 있다. 브랜드 전문가로서 일상에서 입고 먹고 경험하는 것에 대한 의미를 찾는 커뮤니티 플랫폼을 직접 운영하고 있는 두 사람에게 팬덤을 만들기 위해 어떤 노력을 기울여야 하는지, 커뮤니티 참가자들의 참여감을 높이는 방법이 무엇인지, 그들이 생각하는 커뮤니티 플랫폼의 미래상은 무엇인지 들어보았다.

· 성공적인 커뮤니티 형성을 위한 법칙 ·

309

● 왜 지금 '커뮤니티'에 모두들 집중하고 있을까요? 커뮤니티의 중요성에 대해 기업과 개인의 입장에서 설명해주세요.

브랜드 마케팅 패러다임이 바뀌었습니다. 과거처럼 기업이나 브랜드가 의도를 갖고 물량을 쏟아낸다고 해서 고객들이 반응하고 움직이는 시대가 아닙니다. 제품이나 서비스가 상향평준화되었고, 유행의 힘도 평범해졌습니다. 반면 고객의 자율 의지가 중요해졌고, 자연스러운 참여를 통한 만족도와 입소문을 만드는 것이 기본이 되었습니다. 이러한 패러다임의 변화를 가장 잘 보여주는 것이 바로 커뮤니티입니다. 또한 최근 브랜딩 개발 프로세스 상에서 과정 자체가 중요시되고 있기에, 즉 함께 키워간다는 느낌을 갖고 싶어 하기 때문에 커뮤니티는 점점 더 중요해진다고 볼 수 있습니다.

● 요즘 많은 커뮤니티들이 생겨나고 있지만 성공하는 사례는 드물다고 생각합니다. 기업이 커뮤니티를 형성하기 위해서 중요하게 생각해야 하는 부분은 무엇일까요?

커뮤니티를 전략적으로 구축한다거나 의도에 따라 키우는 것은 쉽지 않습니다. 커뮤니티는 체계적인 로드맵이나 방향성에 따라 성장하지 않거든요. 현재 성공적인 커뮤니티 — 어떻게 정의하느냐에 따라 성공의 기준도, 커뮤니티에 대한 기준도 애매하지만 — 를 갖춘 무신사, 오늘의집, 배달의민족 등을 보면 더욱 그렇습니다. 도대체 왜 사람들이 좋아할까 싶을 정도로 어설프고 부족해 보이는 커뮤니티가 몇 년 후에 강력한 커뮤니티가 되어 있기도 하고, 초기에 많은 자본을 투자한 커뮤니티가 쉽게 사라지는 경우도 흔하게 볼 수 있습니다.

커뮤니티에서 가장 중요한 것은 그 커뮤니티의 존재 이유가 무엇인지, 커뮤니티를 통해 사람들이 무엇을 얻을 수 있는지에 대한 방향성입니다. 특정 브랜드에 대한 많은 정보일 수도 있고, 깊이 있는 전문 지식일 수도 있고, 생생한 리뷰일 수도 있습니다. 비마이비 역시 브랜드에 대한 전문성과 브랜드 업계 종사자를 만날 수 있다는 네트워킹 기회, 두 마리 토끼를 잡을 수 있다는 이유가 커뮤니티의 원동력이었습니다. 그 후에는 재미와 의미를 함께 채워줄 수 있는 꾸준한 활동과 사람들이 핵심이었고요. 당연히 오래 지속되는 꾸준함은 기본이라 할 수 있습니다.

● 커뮤니티는 '사람과 관계'를 맺고 이를 발전시켜나간다는 측면에서 공력이 많이 드는 과정이라고 생각합니다. 직접 커뮤니티 플랫폼을 운영하시면서 가장 어려웠던 부분은 무엇이었나요?

가장 어려운 지점은 지속가능성을 확보하는 일입니다. 단순히 친목을 위한 이벤트나 본업을 가지고 있는 사람들이 모이는 사이드 프로젝트 형태의 커뮤니티를 제외하고, 커뮤니티 자체로 일정 규모를 유지하면서 지속가능성을 확보하기란 결코 쉽지 않습니다. 그래서 비마이비는 역할과 방향성을 명확하게 정의했습니다. '브랜드 살롱'에서 시작해 현재의 '브랜드 경험 플랫폼'까지 그 대상과 범위를 확장했으며, 업의 영역 또한 개인 중심의 B2C 프로그램에서 대기업이나 글로벌 기업 대상의 B2B 프로그램과 프로젝트로 확장했습니다. 시장 내에서 커뮤니티에 대한 기대와 역할이 달라지는 트렌드를 반영하여 적극적으로 변화했고, 가시적인 성과를 얻기 위해 선택과 집중을 했습니다. 또한 '브랜드'라는 전문성에 초점을 맞춰, 상대적으로 경쟁이 심해지는 커뮤니티 업계에서도 차별화를 유지하려고 노력했습니다. 비마이비를 운영하고 있는 모회사 더워터멜론의 다양한 브랜딩 관련 사업과의 시너지를 찾아 적극적으로 투자하고 있고요. 또한 참가자들에게도 실질적인 혜택이 돌아가게 해서 단순한 흥미를 위한 커뮤니티가 아닌, 자신의 성장과 새로운 시도를 위한 플랫폼으로 인식할 수 있게 다양한 도전을 함께하고 있습니다.

● 비마이비의 팬으로서 오프라인 세션에 참여했을 때, 참가자 한 명 한 명의 스토리를 잘 들어준다는 느낌을 받았습니다. 비마이비는 어떤 방식으로 커뮤니티 참가자들의 참여감을 높여주고 있는지 궁금합니다.

커뮤니티 특성상 일방적으로 관리하거나 무엇인가를 무조건적으로 제공하는 관계는 건강하지 않습니다. 참가자 스스로 구성원으로 안착해서 본인의 콘텐츠를 커뮤니티에 제공하게 하는 경험이 중요합니다. 비마이비는 가장 기본적인 브랜드 세션에서 참가자 전체에 대한 자기소개가 먼저 이루어집니다. 커뮤니티의 핵심 중 하나가 '어떤 사람이 함께하느냐'인데, 비마이비는 그것을 '어떤 브랜드를 좋아하세요?'라는 질문으로 자연스럽게 확인시켜줍니다. 그리고 단순히 참가자에 그치는 것이 아니라 참가자가 강연자가 되고, 강연자가 참가자가 되면서 자연스럽게 관계의 선순환 구조를 만들어내고 있습니다.

● 파타고니아, 러쉬, 스타벅스와 같은 강력한 팬덤을 가진 브랜드의 세션을 운영하면서 해당 브랜드의 팬들을 직접 만나셨습니다. 이들 기업이 성공적인 팬덤을 만들기 위해 잘하고 있는 전략은 무엇이라고 생각하시나요?

브랜드의 업종이나 특성이 달라서 일반화하기 어렵지만, 이들의 공통점은 제품이나 서비스 등 본업에 충실하다는 것입니다. 차별화된 고객 가치나 특별한 브랜드 경험 제공이 결국 강력한 커뮤니티의 시작이라고 할 수 있습니다. 거기에 자신의 본업을 잘 설명할 수 있고 브랜드의 컬러를 명확하게 나타내는 차별화된 아이덴티티를 바탕으로 마케팅 활동을 하고 있는 거죠. 또한 규모와 상관없이 가장 중요시하는 핵심역량과 차별화 포인트에 집중하려고 노력한다는 점도 주목할 만한 전략입니다. 예를 들어 스타벅스가 매장에서 고객의 이름을 직접 부르며 관계를 맺으려고 노력하거나, 러쉬가 코로나 시대에도 매장에서의 퍼포먼스를 통해 제품의 특성을 전달하려고 노력하는 것이 거기에 해당합니다. 이외에도 다양한 환경의 변화에 민첩하게 대응하는 것은 물론이고, 고객들이 브랜드에 대해서 계속 궁금해할 만한 다양한 '거리'를 던져주며 지속적인 관계를 만들어가는 것에 관심을 놓지 않게 하는 것도 중요합니다.

● 커뮤니티 플랫폼을 성공적으로 만든 입장에서 앞으로 커뮤니티 플랫폼의 미래는 어떤 방향으로 나가게 될 거라고 보시나요?

팬덤 중심의 비즈니스가 각광을 받는 시대에 커뮤니티의 중요성은 계속 강조될 것이며, 이를 기반으로 할 수 있는 것은 더욱 다양해질 것입니다. 비마이비 역시 이슈를 만들고 트래픽을 만드는 것을 넘어서 기업이나 브랜드에게는 새로운 솔루션을 제공해주는 채널이자 플랫폼으로, 참여하는 멤버들에게는 새로운 정보와 영감을 얻을 수 있는 가장 확실한 레퍼런스가 되도록 노력하고 있습니다. 현재 브랜드와 관련한 다양한 시도를 끊임없이 할 수 있는 새로운 플랫폼으로 자리 잡아가고 있는데, 앞으로 그 영향력이나 역할의 범위는 더욱 커질 것이라고 생각합니다.

경쟁이 심화되고 기능적인 차별화 요소가 감소하는 시대에 브랜드 경험에 대한 중요도와 영향력은 더욱 커질 것이며,

이러한 브랜드 경험의 대상이자 함께 만들어가는 주체로서 '고객(팬)'의 역할 또한 자연스럽게 증대되는 상황입니다. 이러한 팬덤을 구축하는 데 가장 강력하고 자연스러운 방법이자 채널인 커뮤니티는 브랜드 마케팅의 중심에 설 것입니다.

● 비마이비가 커뮤니티로 계속 성장하기 위해서 어떤 부분에 더 집중하고 계시는지요. 그리고 앞으로 그려나가는 브랜드 커뮤니티로서의 최종 목적지는 어디인지 궁금합니다.

국내 최대의 브랜드 커뮤니티이자 브랜드 경험 플랫폼으로서 '브랜드'에 대해 궁금한 것이 있으면 언제나 비마이비를 가장 먼저 떠올릴 수 있는 다양한 활동을 계속해나가려고 합니다. 올해로 5주년을 맞이한 비마이비는 기존 업계에 존재하지 않는 혁신적인 방식으로 새로운 시도와 도전을 계속하면서, 지속가능성은 물론 가시적인 성과를 만들어가는 데 역량을 집중하려고 합니다. 궁극적으로는 비마이비가 브랜드 커뮤니티를 넘어 그 자체로 매력적이고 영향력 있는 커뮤니티 브랜드로 거듭나 20년 후, 50년 후에도 제몫을 다하도록 하는 것이 목표입니다.

커뮤니티는 어떻게
브랜드의 무기가 되는가

새로운 소비 권력을 찐팬으로 만드는 커뮤니티의 힘

초판 1쇄   2022년 11월 18일
초판 3쇄   2024년 1월 30일

지은이 | 이승윤

발행인 | 문태진
본부장 | 서금선
책임편집 | 한성수   편집 1팀 | 송현경 유진영

기획편집팀 | 임은선 임선아 허문선 최지인 이준환 이보람 이은지 장서원 원지연
마케팅팀 | 김동준 이재성 박병국 문무현 김윤희 김은지 이지현 조용환 전지혜
디자인팀 | 김현철 손성규   저작권팀 | 정선주
경영지원팀 | 노강희 윤현성 정헌준 조샘 서희은 조희연 김기현
강연팀 | 장진항 조은빛 강유정 신유리 김수연

펴낸곳 | ㈜인플루엔셜
출판신고 | 2012년 5월 18일 제300-2012-1043호
주소 | (06619) 서울특별시 서초구 서초대로 398 BnK 디지털타워 11층
전화 | 02)720-1034(기획편집) 02)720-1024(마케팅) 02)720-1042(강연섭외)
팩스 | 02)720-1043   전자우편 | books@influential.co.kr
홈페이지 | www.influential.co.kr

ⓒ 이승윤, 2022

ISBN 979-11-6834-067-1   (03320)